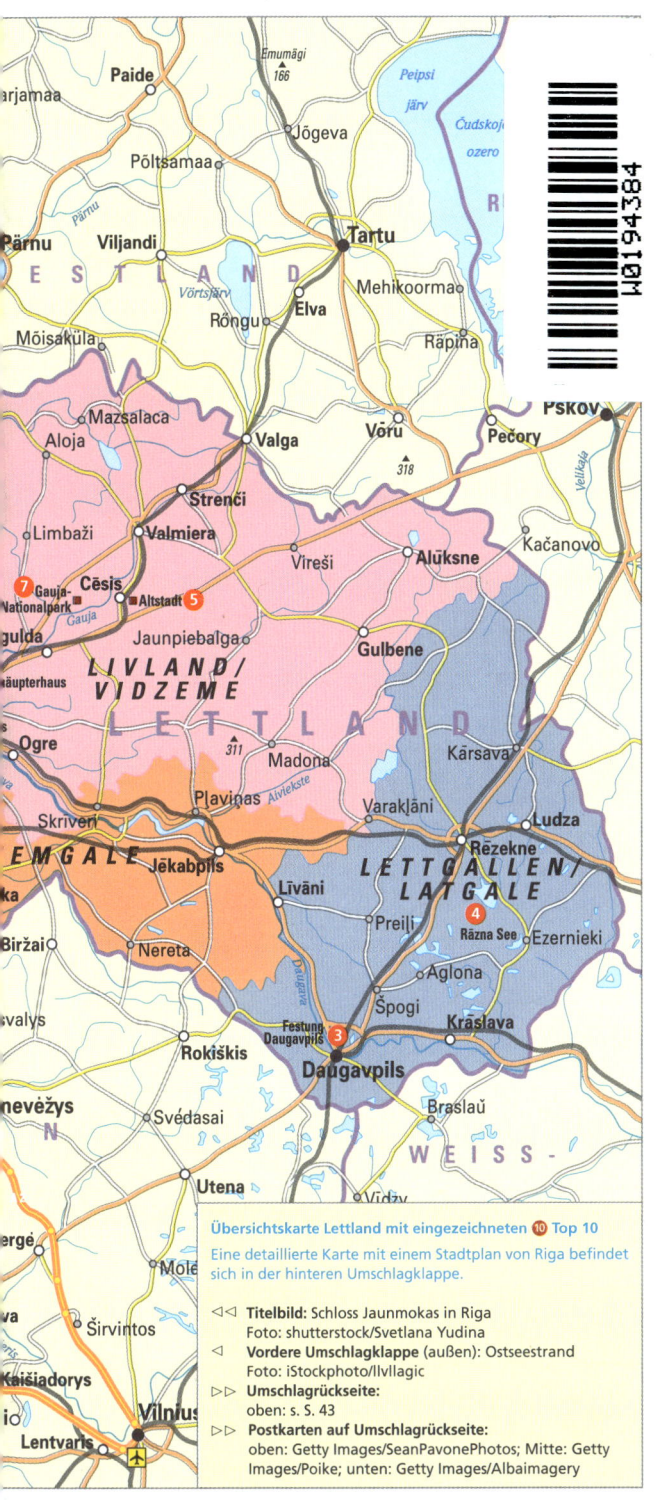

Übersichtskarte Lettland mit eingezeichneten 🔟 Top 10

Eine detaillierte Karte mit einem Stadtplan von Riga befindet sich in der hinteren Umschlagklappe.

◁◁ **Titelbild:** Schloss Jaunmokas in Riga
Foto: shutterstock/Svetlana Yudina
◁ **Vordere Umschlagklappe** (außen): Ostseestrand
Foto: iStockphoto/Ilvllagic
▷▷ **Umschlagrückseite:**
oben: s. S. 43
▷▷ **Postkarten auf Umschlagrückseite:**
oben: Getty Images/SeanPavonePhotos; Mitte: Getty Images/Poike; unten: Getty Images/Albaimagery

LETTLAND

DIE AUTORIN

Pia Thauwald
lebt als Autorin und Reisefotografin in Wetzlar. Sie studierte Ökonomie und Betriebswirtschaftslehre, wurde aber vermutlich schon im Elternhaus mit dem »Reise-Virus« infiziert. Seit 20 Jahren schreibt sie Reiseführer und Reportagen. Ihre zweite Liebe gilt der Fotografie; in der Regel macht sie die Fotos zu ihren Büchern selbst und versorgt nicht selten andere Autoren mit aktuellem Bildmaterial. Zudem arbeitet sie für zwei große Bildagenturen.

Inhalt

Sprachführer

Extras – Zusatzinformationen

Zeichenerklärung

 Top 10
Das müssen Sie gesehen haben, siehe vordere innere und hintere Umschlagklappe.

 Vista Point
Reiseregionen, Orte und Sehenswürdigkeiten

 Symbole
Verwendete Symbole siehe hintere innere Umschlagseite.

 Kartensymbol: Verweist auf das entsprechende Planquadrat der ausfaltbaren Karte bzw. der Detailpläne im Buch.

Willkommen in Lettland

»Reisen heißt erkennen,
dass alle falsche Vorstellungen
von anderen Ländern haben.«
Aldous Huxley

Prächtig herausgeputzte alte Hansestädte, Nationalparks mit nahezu unberührter Natur, seltene Tiere und Pflanzen, kilometerlange Sandstrände, über denen die Blaue Flagge für beste Wasserqualität weht, sowie beeindruckende Dünenlandschaften erwarten den Besucher in Lettland. Und last, but not least Menschen, die erfrischenden Optimismus ausstrahlen.

Das kleine baltische Land mit reichen Naturschätzen und herausgeputzten Städten hat sich längst zu einem attraktiven Reiseziel gemausert. Das angenehme Ostseeklima und die endlosen Strände wusste einst schon die russische Zarenfamilie zu schätzen, die nach Lettland zur Sommerfrische fuhr. Die

Symbol für eine Freie Hansestadt – der Roland
mit dem Rigaer Wappen und dem Schwert vor
dem Schwarzhäupterhaus

westliche Welt jedoch hatte das Land mit seinen etwa zwei Millionen Einwohnern jahrzehntelang fast vergessen.

Mit der Unabhängigkeit 1991 jedoch begann in der Mitte Europas eine fast beispiellose Entwicklung. Eine alte europäische Kulturnation besann sich ihrer Wurzeln und begab sich auf einen beeindruckenden Weg. Und weil es in Lettland ein paar Jahre wirklich boomte, floss reichlich Geld ausländischer Investoren ins Land. Bis 2009 konnte der EU-Neuling Lettland ein beachtliches Wirtschaftswachstum aufweisen und die Staatsverschuldung lag bei moderaten 15 Prozent. Dann kam die globale Finanz- und Wirtschaftskrise. Unter den EU-Ländern stürzte sie Lettland in die tiefste Rezession. Die Binnennachfrage ging drastisch zurück, der Außenhandel brach stark ein, unzählige Betriebe mussten Konkurs anmelden und die Arbeitslosenquote betrug etwa 19 Prozent. Der Staatsbankrott drohte.

Ein harter Sparkurs führte zwar zunächst zu massiven Protesten, aber es gibt inzwischen wieder eine solide und robuste Binnenkonjunktur, steigende Löhne und eine deutlich gesunkene Arbeitslosenquote. Selbst der IWF-Kredit konnte vorzeitig zurückgezahlt werden.

Jeder dritte Lette wohnt in der Hauptstadt. Riga ist mit 800 Jugendstilhäusern und der zum UNESCO-Weltkulturerbe zählenden Altstadt ein Juwel. Auch wer gut essen und das Nachtleben genießen möchte, wird in der »Heißesten Stadt des Nordens« auf seine Kosten kommen.

Daten zur Landesgeschichte

6000 v. Chr.	Von Osten kommend siedeln sich finno-ugrische Stämme, die späteren Esten und Liven, an.
2000 v. Chr.	Indo-europäische Stämme dringen von Süden ein.
1180	Deutsche Kaufleute aus Visby und Lübeck kommen an der Mündung der Düna an. Da die Gegend von den Liven besiedelt ist, wird sie Livland genannt.
Ab 1186	Missionierung der Liven.

Livländischer Ordensritter (1596, Holzschnitt aus der Sächsischen Chronik)

1201	Albert von Buxhoeveden, dritter livländischer Bischof, gründet an der Düna die Stadt Riga.
1211	Der Dom zu Riga wird als Symbol christlicher Macht gebaut.
1226	Riga erhält Stadtrecht von Gotland, einem der wichtigsten Handelsplätze an der Ostsee.
13. Jh.	Der Deutsche Orden unterwirft und christianisiert Livland. Das »Marienland Livland« wird Teil des Römisch-Deutschen Reiches.
1253	Riga wird sowohl Hansestadt als auch Erzbistum der livländischen Ordensprovinz.
13.–15. Jh.	Es zählen zehn altlivländische Städte zur Hanse. Vormachtstellung der Hanse in Ostseeraum; in Riga entstehen Kaufmanns- und Handwerksgilden.

Ansicht von Riga aus der »Cosmographia« (1550) des Sebastian Münster

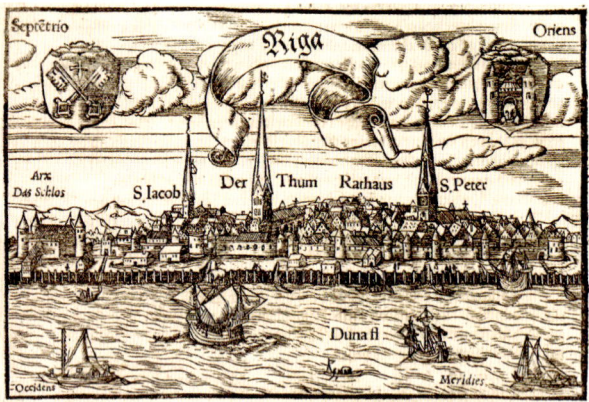

1523	Die erste lutherische Gemeinde wird in Riga gegründet.
1524	Reformation in Alt-Livland.
16. Jh.	Russland versucht mehrfach, Alt-Livland zu erobern.
1558–83	Im Livländischen Krieg kämpfen die Liven gegen russische Truppen unter Zar Iwan dem Schrecklichen.
1561	Alt-Livland sucht den Schutz ausländischer Mächte. Durch die Unterstellung im Norden unter Schweden, im Süden unter Polen und den Fortbestand der deutschbaltischen Herrschaft im Inneren zerfällt Alt-Livland.
1562	Gotthard Kettler wird Herzog von Kurland und Semgallen.
1629	Große Teile Livlands werden von den Schweden unter König Gustav II. Adolf erobert.
1632	Die erste livländische Universität wird in Dorpat gegründet.
1710	Zar Peter der Große annektiert nach dem Nordischen Krieg die Stadt Riga.
1721	Livland und Estland kommen durch den Frieden von Nystad zu Russland.
1795	Ihnen folgt Kurland. Unter der Bezeichnung »Deutsche Ostseeprovinzen Russlands« sind die alt-livländischen Gebiete somit unter russischer Herrschaft wieder vereint.
1816–19	Die Leibeigenschaft lettischer Bauern wird abgeschafft.
1873	Das erste gesamtlettische Liederfest findet statt. Aus der Studentenschaft »Lettonia« entwickelt sich die Nationalbewegung.
19. Jh.	Es gibt Bestrebungen, sich vom deutschen Leitbild zu befreien, und es werden muttersprachliche Theater, Vereine und Zeitungen gegründet.
Ab ca. 1850	Es folgen Jahre, die geprägt sind von Industrialisierung und Aufschwung des Handels. Riga entwickelt sich zum bedeutendsten Hafen Russlands.
Ab 1881	Als Folge der Russifizierung der Ostseeprovinzen unter Zar Alexander III. und der damit verbundenen Beschneidung der deutschbaltischen Selbstverwaltung kommt es zur ersten Abwanderungswelle von Deutschbalten.
1905	Die Revolution in Russland richtet sich in den Ostseeprovinzen hauptsächlich gegen deutsche Grundbesitzer, deren Häuser niedergebrannt werden, sie wird durch russisches Militär niedergeschlagen. Es folgen Ausbürgerungen, Hinrichtungen und Verbannungen.
1914–18	Im Ersten Weltkrieg besetzen deutsche Truppen die Ostseeprovinzen.
1918	Der Volksrat in Riga ruft die Republik Lett-

Zar Alexander III. (1845–94)

land aus, die durch das Deutsche Reich anerkannt wird.

1918/19 Nach Abzug der deutschen Truppen marschiert die Rote Armee ein. Die lettische Sowjetrepublik wird ausgerufen. Nach dem Abzug der Roten Armee richtet sich die Abwehr gegen die Deutschen, die im Juni 1919 bei Cēsis (Wenden) geschlagen werden.

1920 Im Zuge der Agrarreform werden deutschbaltische Großgrundbesitzer entschädigungslos enteignet. Tausende verlassen daraufhin das Land.

Plakat für das Lettische Sängerfest »Dziesmu svītki« 1938

Es kommt zum Friedensvertrag mit Sowjetrussland; eine erneute Unabhängigkeitserklärung wird von der Sowjetregierung im Rigaer Abkommen vom August 1920 anerkannt. Es folgt eine kulturelle und wirtschaftliche Blüte.

1920–22 Gemäß Verfassung wird eine parlamentarische Demokratie errichtet.

1934 Es kommt zum Staatsstreich und infolgedessen zur Errichtung einer gemäßigten Diktatur unter Karlis Ulmanis (1877–1942). Die Verfassung wird aufgehoben.

1939 Die Sowjetunion fällt als Folge des Hitler-Stalin-Paktes und des geheimen Zusatzprotokolls in die baltischen Staaten ein und zwingt Lettland ein Beistands- und Stützpunktabkommen auf.

1939–41 Deutschbalten werden in mehreren Wellen ins Wartheland im heutigen Polen und ins Deutsche Reich umgesiedelt. Damit geht die 750 Jahre andauernde Geschichte des Deutschtums im Baltikum zu Ende.

1940 Der Anschluss Lettlands an die Sowjetunion wird erzwungen.

Alte Stadtansicht von Riga auf einem Stahlstich

1941	15 000 Letten werden in die Sowjetunion verschleppt.
1940/41	30 000 Letten werden insgesamt getötet, inhaftiert oder deportiert.
1941	Das Baltikum wird durch die deutsche Wehrmacht besetzt. Im »Reichskommissariat Ostland« werden Zehntausende Juden unter Beteiligung von Letten von SS-Einheiten ermordet. Lettische Freiwillige, später Zwangsrekrutierte, kämpfen auf der Seite der Deutschen.
1944/45	Die Rote Armee erobert Lettland zurück. Unter der Stalin-Diktatur werden 40 000 lettische Intellektuelle nach Sibirien deportiert. Lettland wird zur lettischen Sowjetrepublik.
Bis 1953	120 000 Letten werden getötet, inhaftiert oder deportiert.
1982	Erste antisowjetische Demonstrationen.
1986	Die Forderung nach Unabhängigkeit wird öffentlich erhoben. Die Volksfront entwickelt sich zum Sammelbecken aller Reformkräfte. Die baltische Bewegung zur Wiedererlangung der nationalen Unabhängigkeit wird als Singende Revolution bekannt, denn bei Versammlungen und Demonstrationen singen die Balten, vor allem traditionelle Volkslieder. Das Singen von nationalistischen Liedern ist unter der Sowjetmacht verboten.
1989	Mit einer 600 Kilometer langen Menschenkette verlangen eine Million Balten am 50. Jahrestag des Hitler-Stalin-Paktes ihre nationale Unabhängigkeit.
1990	Die Volksfront gewinnt die Wahlen und beschließt die Unabhängigkeitserklärung.
1991	Bei einem Putschversuch von Moskauer Kräften sterben in Riga fünf Menschen. Am 20. August 1991 erklärt Lettland seine Unabhängigkeit und setzt die Verfassung von 1922 in Kraft. Die Anerkennung der Unabhängigkeit durch die Sowjetunion erfolgt.

Der Hafen von Riga auf einer Postkarte aus den 1920er Jahren

	Lettland wird, zusammen mit Estland und Litauen, in die UNO aufgenommen.
1993	Guntis Ulmanis ist der erste Präsident der Republik Lettland. Die lettische Nationalwährung wird wieder eingeführt.
1994	Abzug der letzten russischen Truppen.
1995	Lettland wird Mitglied im Europarat.
1999	Das Parlament wählt Vaira Viķe-Freiberga (parteilos) zur lettischen Staatspräsidentin. Der EU-Gipfel in Helsinki beschließt die Einladung Lettlands zu Aufnahmegesprächen.
2001	Der 800. Geburtstag der Hauptstadt Riga wird gefeiert.
2002	Der EU-Gipfel beschließt die Aufnahme Lettlands in die EU.
2003	Vaira Viķe-Freiberga wird für weitere vier Jahre im Amt bestätigt.
2004	Lettland tritt der Nato und der EU bei.
2005	Die lettische Staatspräsidentin wird Sonderbotschafterin für Reformfragen der UNO.
2006	In Riga findet erstmals in einem Land der ehemaligen Sowjetunion ein zweitägiger Nato-Gipfel statt.
2007	Das Parlament wählt den Chirurgen Valdis Zatlers zum lettischen Staatspräsidenten. Der russisch-lettische Grenzvertrag wird unterschrieben. Das Schengen-Abkommen tritt in Lettland in Kraft. Lettland hat die Präsidentschaft des Ostseerates inne.
2008/2009	Die globale Finanz- und Wirtschaftskrise stürzt Lettland fast in den Staatsbankrott.
2011	Andris Bērziņš wird neuer Staatspräsident.
2013	Lettland erfüllt laut EU-Kommission und Europäischer Zentralbank die Beitrittskriterien für die Währungsunion.
2014	Riga ist Kulturhauptstadt Europas. Eröffnung der Neuen Nationalbibliothek in Riga. Lettland führt den Euro ein, der den Lats ablöst.
2015	Von Januar bis Juni hat Lettland die EU-Ratspräsidentschaft inne. Raimonds Vējonis wird Staatspräsident.
2018	Lettland feiert 100-jähriges Jubiläum.
2019	Im Juli findet auf der Burg Sigulda das Internationale Opernfest statt.

Am Lāčplēsis-Tag (11.11.), gedenkt man den lettischen Freiheitskämpfern, indem man in den Fenstern Kerzen anzündet

Stolzes Symbol der Unabhängigkeit: das Freiheitsdenkmal im Stadtzentrum von Riga

Ein Rundgang durch die lettische Hauptstadt

Vormittag

Rathausplatz – Schwarzhäupterhaus – Lettisches Okkupationsmuseum – Petrikirche – Johanniskirche – Eckens Konvent – Georgskirche – Livenplatz – Kleine und Große Gilde – Katzenhaus – Dom – Rigaer Börse.

Mittag

Lunch im **Restorāns Gutenbergs**, Doma laukums 1 ➡ aE3
℗ 67 21 17 76, www.hotelgutenbergs.lv

Nachmittag

Katholische Kirche Mater Dolorosa – Rigaer Schloss – »Drei Brüder« – Jakobikirche – Jakobskaserne – Rahmerturm – Schwedentor – Pulverturm – Basteiberg – Laima-Uhr – Freiheitsdenkmal – Russische Kathedrale – Elizabetes iela – Nationaloper.

Riga – lettische Hauptstadt und zugleich größte Stadt des Baltikums

Lettlands Hauptstadt Riga ist mit rund 700 000 Einwohnern die größte Stadt im Baltikum und auch dessen heimliche Hauptstadt. Sie liegt an beiden Ufern der Daugava (dt. Düna), nicht weit vom Rigaer Meerbu-

sen (Ostsee) entfernt. Die alte Hansestadt mit ihren berühmten Jugendstilhäusern und ihrer gut erhaltenen historischen Altstadt vereint den spröden Charme des Nordens mit weltoffenem südlichem Flair. Der Stadt an der Schnittstelle zwischen Ost und West ist es gelungen, ihre Identität trotz aller Veränderungen seit der Unabhängigkeit Lettlands 1991 zu bewahren. Sie ist auf dem besten Weg wieder das »Paris des Nordens« zu werden, wie Riga in Lettlands goldenen 1920er Jahren genannt wurde.

Mit herrlichen Bistros und Cafés, der verkehrsberuhigten Altstadt mit ihren engen Gässchen, den extravaganten Fassaden von Renaissance bis Barock und spätem Jugendstil, dem trendigen Lifestyle sowie den wunderschönen Rigaer Frauen, die topmodisch gestylt, selbstbewusst und mit atemberaubenden Stöckelschuhen über die Kopfsteinpflaster der Altstadt flanieren, braucht Riga den Vergleich mit anderen europäischen Metropolen nicht zu scheuen.

Die Zukunftsaussichten der Rigaer waren aber nicht immer rosig. Seit der Stadtgründung im Jahre 1201 mussten sie sich mit vielen fremden Herrschern (Deutschen, Dänen, Polen, Schweden und Russen) sowie Bränden und Kriegen herumschlagen.

Obwohl mehrmals abgebrannt, wurde Riga immer wieder größer

und prächtiger aufgebaut. So fiel allein die Petrikirche seit dem 13. Jahrhundert dreimal den Flammen zum Opfer. Im Mittelalter bestimmten die Gilden, insbesondere die Kaufmannsgilde, der Schwertbrüderorden (später Deutscher Orden) und der Bischof die Geschicke der Stadt. Zwischen diesen Parteien gab es auch in Friedenszeiten einen starken Konkurrenzkampf. Der wirtschaftlichen Elite, den Hansekaufleuten und Handwerkern, mangelte es nicht an Selbstbewusstsein. Ihre Stammhäuser – die Große und Kleine Gilde – zeugen von hanseatischem Wohlstand und Macht. Teilweise soll die Kaufmannsgilde mehr zu sagen gehabt haben als der Stadtrat.

Neben den wunderschön restaurierten Relikten früherer Blütezeit findet man in Rigas Straßenbild heute auch die üblichen Symbole internationaler Metropolen, denen die neue Yuppie-Generation gierig huldigt: Nobelkarossen, teure Designerläden, hippe Bars und Discos, trendige Galerien und Nachtclubs. Diese enge Verzahnung von Vergangenheit und Zukunft ist beeindruckend und hat ihren besonderen Charme.

Der Rundgang durch die Rigaer Altstadt beginnt am **Rathausplatz** (Rātslaukums) ➡ aE3/4. Dieser zentrale Platz kann auf eine wechselvolle Geschichte zurückblicken. Schon 1334 wurde das erste Rigaer Rathaus errichtet, von dessen Balkon die Ratsherren ihre Beschlüsse an die Bürger verkündeten. Gemäß mittelalterlicher Tradition wurden auf dem Platz verhängte Strafen vollzogen, aber auch reger Handel betrieben; Schausteller traten zur Volksbelustigung auf. Auf Beschluss des Rates wurde 1747 das alte Rathaus abgerissen und nach den Plänen von Johann Friedrich Ettinger, einem Militäringenieur und Architekten, im klassizistischen Stil neu aufgebaut. Im Jahre 1889 bezogen nach Auflösung des Rigaer Rats eine Bank, das Schiedsgericht und die Stadtbibliothek das Gebäude.

Im Zweiten Weltkrieg wurde das Stadtzentrum mit Rathausplatz, Rathaus und Schwarzhäupterhaus nahezu vollständig zerstört. Obwohl man Experten zufolge das Rathaus aus dessen verbliebenen Ruinen wieder hätte restaurieren können, wurden die Reste 1954 vollständig abgerissen und durch einen architektonisch einfallslosen, typischen Sowjetbau ersetzt, der später die Technische Universität Riga (RTU) beherbergte. Im Vorfeld des 800. Gründungsjubiläums ihrer Stadt beschenkten sich die Rigaer selbst: Sie beseitigten die Bausünde und

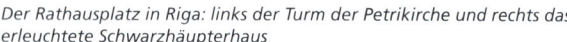

Der Rathausplatz in Riga: links der Turm der Petrikirche und rechts das erleuchtete Schwarzhäupterhaus

ersetzten sie wiederum durch ein neues Rathaus mit schön rekonstruierten Fassaden in altem Antlitz.

Die imposante **Rolandstatue** ➡ aE3 auf dem Rathausplatz überstand die Angriffe des Zweiten Weltkriegs relativ unversehrt, wurde aber 1945 von den Sowjets demontiert, ihr Sockel zerstört. Der originale Rigaer Roland steht heute in der Petrikirche. Rolandstatuen finden sich auch in vielen nord- und ostdeutschen Städten. Sie dienten vermutlich als Sinnbild städtischer Eigenständigkeit und wirtschaftlicher Blüte. Bereits im Mittelalter waren Rolande Ausdruck von Freiheit und Unabhängigkeit einer Stadt mit Marktrecht und eigener Gerichtsbarkeit.

Die beiden Schutzheiligen des Rigaer Schwarzhäupterhauses: Maria und der hl. Mauritius, der Anführer der Thebäischen Legion

Direkt hinter der Rolandsäule steht das beeindruckendste Gebäude der Altstadt, das ❶ **Schwarzhäupterhaus** (Melngalvju nams) ➡ aE4. Das Gebäude wurde 1334 von der Stadt für öffentliche Zwecke gebaut und unter dem Namen »Neues Haus« zunächst vornehmlich von Angehörigen der Gilden genutzt, ab dem 15. Jahrhundert auch von der »Compagnie der Schwarzen Häupter«, deren Schutzpatron der heilige Mauritius war. Die Schwarzhäupter waren eine mittelalterliche Bruderschaft, der nur ledige Kaufleute beitreten durften. Der Name »Schwarzhäupterhaus« wurde 1687 mit deren Alleinmieterschaft eingeführt. 1713 ging das Haus schließlich in den Besitz der Bruderschaft über.

In der Zeit vom 18. bis 20. Jahrhundert war das Schwarzhäupterhaus einer der Schauplätze des kulturellen Lebens der Stadt. In seinen prachtvollen Sälen wurden Konzerte veranstaltet und hohe Gäste empfangen. Nach dem Vorbild holländisch-flämischer Zunfthäuser wurde das Haus im gotischen Stil errichtet. Es beherbergte eine der größten Sammlungen von Silbergegenständen, deren Grundstock bereits im 17. Jahrhundert gelegt wurde. Heute befindet sich der historische Silberschatz der Compagnie der Schwarzhäupter größtenteils im Roseliushaus in Bremen. Prägend für das Erscheinungsbild des alten Rathausplatzes ist die schmuckvolle Fassade des Hauses mit dem prächtigen Renaissance-Ziergiebel und seiner Schauseite zum Marktplatz.

Die **astronomische Uhr** ➡ aE4 zeigt außer den Mondphasen, den Tierkreiszeichen und der Uhrzeit auch Datum und Wochentag an. Sie ist ein Nachbau des »Calendarium perpetuum« (Ewiger Kalender), das bis zur Neuzeit die Kalenderberechnungen vereinfachte. Als es noch wenig Schreib- und Druckmaterial gab, war es praktisch, einen Kalender zu haben, der nicht jährlich erneuert werden musste. Der Nachbau einer solchen Uhr stammt aus dem Jahr 1626 von Uhrmachermeister Matis. Unter der Uhr befinden sich die Stadtwappen der Hansestädte Bremen, Hamburg, Lübeck und Riga und darunter die Skulpturen von Neptun und Merkur sowie die Allegorien der Eintracht und des Friedens.

Münchhausen in Lettland

Die Geschichte Lettlands weiß von deutschen, russischen, polnischen und schwedischen Herrschern, die Herrensitze, Schlösser und Paläste erbauen ließen. Viele von ihnen wurden inzwischen restauriert und laden zum Besuch ein. Schon »Lügenbaron« Münchhausen ehelichte 1744 in Pernigel (lett. Liepupe) die deutschbaltische Baronin Jacobine von Dunten, mit der er 46 glückliche Jahre verbrachte. Karl Friedrich Hieronymus Freiherr von Münchhausen (1720–97) diente in der russischen Armee und nahm an zwei Kriegen gegen die Türken teil, von denen einige seiner

Freiherr von Münchhausen (Illustration von Oskar Herrfurth)

Lügengeschichten erzählen. Bekannt ist der berühmte Ritt auf der Kanonenkugel. Im lettischen Dunte ist noch heute die Schenke erhalten, in der der Baron, der dem Rigaer Regiment angehörte, seine Abenteuer fantasievoll erzählt haben soll.

Das Schwarzhäupterhaus wurde am 29. Juni 1941 durch deutsche Truppen bei der Einnahme Rigas zerstört. In Vorbereitung der 800-Jahr-Feier der Stadt baute man das Gebäude in den Jahren 1993–99 unter der Leitung von Wilhelm von Boddien originalgetreu wieder auf. Die feierliche Wiedereröffnung fand im Dezember 1999 statt. Im Inneren des Schwarzhäupterhauses erstrahlt auch der große Festsaal (330 m²) wieder in alter Pracht. Er ist ausgestattet mit wunderschönem Wand- und Deckenschmuck sowie Gemälden beispielsweise der russischen Zarin Katharina II. und des Zaren Peter I. Im Erdgeschoss des Schwarzhäupterhauses befindet sich auch die Tourist Information von Riga.

An der Westseite des Rathausplatzes steht das 1993 gegründete **Lettische Okkupationsmuseum** (Latvijas okupācijas muzejs) ➜ aE3. Das schwarze Gebäude (im Volksmund auch »Schwarzer Sarg« genannt) stellt einen groben Stilbruch zur mittelalterlichen Altstadt Rigas dar. Der klobige dunkle Plattenbau stammt noch aus der Sowjetzeit und wurde 1970 zunächst als »Museum der Roten Lettischen Schützen« eröffnet. Ein Jahr später entstand das davorstehende Denkmal der Roten Lettischen Schützen, die 1917 den Rückzug der russischen vor den heranrückenden deutschen Truppen sicherten. Später bildeten sie als Eliteverband die Leibgarde Lenins. Wladimir Iljitsch Uljanow (1870–1924), »Lenin«, war einer der führenden Köpfe der russischen Oktoberrevolution von 1917. Neben Marx und Engels gilt er als Gründer des wissenschaftlichen Sozialismus. Die letzten Mitglieder der Leibgarde ließ Stalin 1937 zusammen mit 70 000 bis 80 000 anderen, in Moskau lebenden Letten erschießen.

Das Okkupationsmuseum thematisiert in einer beeindruckenden und zugleich erschütternden Ausstellung den Terror sowohl des nationalsozialistischen als auch des kommunistischen Regimes gegen die Bevölkerung. Ebenso wird die Zeit des Widerstands gegen die Besatzung bis zur staatlichen Unabhängigkeit 1991 aufgearbeitet. Die Ausstellung beschreibt den Einmarsch der Sowjets 1940 und den der Deutschen 1941. Ferner wird die Deportation von mindestens 60 000 Letten dokumentiert. Betroffen waren besonders bürgerliche Eliten, die unter Stalin in die Lager des Gulag nach Sibirien und in andere entlegene Gebiete der UdSSR verschleppt wurden. Gulag (Hauptverwaltung der Lager für Besserung durch Arbeit) gilt als Synonym der systematischen Unterdrückung in der Sowjetunion. Es bestand aus Straf- und Gefangenenlagern, Gefängnissen und Verbannungsorten.

Auch die Ermordung von 70 000 lettischen Juden durch die Deutschen und ihrer lettischen Helfer wird gezeigt. Zu dieser Zahl sind noch einmal 14 000 Juden zu rechnen, die von Westeuropa zur Vernichtung nach Riga transportiert wurden. Das Okkupationsmuseum versteht sich als Ort des Gedenkens an all jene Menschen, die verfolgt, inhaftiert, zwangsdeportiert und exekutiert wurden oder infolge von Gewalt, Flucht oder Not ihr Leben ließen.

Vom Museum erblickt man am gegenüberliegenden Ufer der Daugava das als »Schloss des Lichts« bezeichnete moderne Gebäude der **Nationalbibliothek** ➡ aG2, das mehr als vier Millionen Bücher beherbergt.

Die **Petrikirche** (Pētera baznīca) ➡ aE4 befindet sich nur wenige Schritte vom Schwarzhäupterhaus entfernt. Sie ist eine der ältesten mittelalterlichen Sakralbauten des Baltikums, wurde 1209 erstmals erwähnt und war im Mittelalter die Hauptkirche Rigas. Über die Jahrhunderte wurde die Kirche mehrmals umgebaut, der erste Turm 1491 errichtet. Eine Aussichtsplattform für den Stadtwächter ermöglichte das frühe Erkennen ausbrechender Feuer und anderer Gefahren. Im Laufe der Zeit fiel der Turm aus Holz dreimal selbst den Flammen zum Opfer: 1667, 1721 und 1941. Der neue Kirchturm wurde 1690 in Barockform und nach den Entwürfen des Straßburger Architekten Rupert Bindenschu errichtet und erhielt eine für diese Zeit einzigartige und innovative Holzkonstruktion.

Die Petrikirche zählt zu den ältesten und wichtigsten kulturhistorischen Denkmälern des Mittelalters im gesamten Baltikum (Riga)

Geschenk der Hansestadt Bremen an Riga: die weltbekannten Stadtmusikanten

1721 wurde dieser zweite Turm durch einen Blitzschlag zerstört, danach im Auftrag Peters des Großen erneut aufgebaut. Am 29. Juni 1941 von deutschen Artilleriegeschossen getroffen, brannte auch dieser Turm nieder. 1970 wurde die Kirche zum letzten Mal neu gebaut; der 123 Meter hohe Turm folgte 1973 und erhielt zum Schutz vor weiteren Bränden eine Stahlkonstruktion. Ein Fahrstuhl bringt Besucher auf eine Panoramaplattform in 72 Metern Höhe, von der man einen hervorragenden Blick über Alt-Riga und die Daugava bis hin zur Ostsee hat.

Von der Petrikirche geht es weiter in die **Skārņu iela** ➡ aE4. Dort stehen in unmittelbarer Nachbarschaft die St. Johanniskirche, Eckes Konvent, das Eingangstor zum Johannishof sowie die Georgskirche. Direkt gegenüber der Johanniskirche liegt ein schöner kleiner Platz mit der Skulptur der **Bremer Stadtmusikanten** aus dem Märchen der Gebrüder Grimm. Sie ist ein Geschenk der Hansestadt Bremen, der Partnerstadt Rigas und Heimatstadt ihres Gründers, Bischof Albert von Buxhoeveden (1165–1229). Dieser kam im Jahr 1201 zusammen mit Kaufleuten aus Gotland an die Düna-Mündung und gründete hier die Stadt Riga, die 1214 von Bremen unabhängig wurde. Obwohl er sein Ziel, die Ernennung Rigas zum Erzbistum, nicht mehr erlebte, zählt er zu den bedeutendsten Missionsbischöfen des 13. Jahrhunderts. Bis zur Reformation wurde er als Heiliger verehrt.

Die **Johanniskirche** (Jāņa baznīca) ➡ aE4 wird 1297 erstmalig erwähnt. Sie war zunächst eine Kapelle des 1234 gegründeten Dominikanerklosters. Um die Wende des 15. zum 16. Jahrhundert wurde die Kirche ausgebaut und erhielt die schöne Fassade mit dem einzigartigen Stufengiebel und dem spätgotischen Eingangsportal. 1582 ging sie in den Besitz der Lutherischen Kirche über. Im Innenraum befinden sich wertvolle Gemälde sakraler Kunst.

Seit bei Restaurierungsarbeiten die sterblichen Überreste von Menschen in den Kirchenmauern entdeckt wurden, gehört zur Johanniskir-

Auf dem Weg zu den wichtigsten Kirchen Rigas: die zentrale Straße Skārņu iela in der Altstadt

che auch eine gruselige Geschichte: Damit der Kirche nichts Böses widerführe, ließen sich Berichten zufolge zwei Mönche lebend in die Außenwand einmauern. Über einen schmalen Spalt wurden sie bis zu ihrem Tod mit Brot und Wasser versorgt. Danach mauerte man den Spalt zu. Ein Kreuz an der Südwand kennzeichnete die Stelle, wo die beiden Abergläubischen ihr Leben ließen.

Neben der Kirche befindet sich ein gelbes dreigeschossiges Haus, das **Eckes Konvent** (Ekes konventa ēka) ➡ aE4. Es hat seinen Namen von Bürgermeister Nikolaus Ecke, der 1596 die ursprüngliche Herberge zu einem Asyl für arme

Turmblick: die Türme der anglikanischen St.-Saviour's-Kirche, der mittelalterlichen Petrikirche und des Rigaer Doms (v. l. n. r.)

Witwen umbauen ließ. Der nächste Eingang ist das Tor zum **Konventhof** (Konventa sēta), der 1220 von Bischof Albert als Zufluchtsort für Arme und Kranke gegründet wurde und heute eine Hotelanlage mit Café und Galerie beherbergt. Wenige Schritte entfernt steht das älteste Gebäude der Stadt (1204), die **Georgskirche** (Jura baznīca) ➡ aE4, die im 17. Jahrhundert als Warenlager diente. Heute befindet sich in dem weißen Kalksteingebäude das **Museum für Dekorative Kunst und Design** (Dekoratīvās mākslas un dizaina muzejs).

Der Rundgang führt nun auf der Skārņu iela weiter bis zur Kalķu iela, folgt dieser nach rechts, um dann an der nächsten Abzweigung links in Richtung **Livenplatz** (Līvu laukums) in die mit bunten Handwerkerhäusern aus dem 18. Jahrhundert gesäumte Meistaru iela einzubiegen. Rechts davon sieht man beiderseits der Amatu iela zwei Symbole alter wirtschaftlicher Prosperität: die Gebäude der **Kleinen** und der **Großen Gilde** (Mazā ģilde und Lielā ģilde) ➡ aE4.

Um die Mitte des 13. Jahrhunderts schlossen sich die Handwerker in Zünften zusammen und bündelten ihre Interessen in Gilden. Ursprünglich hatte die Handwerksgilde, deren Schutzpatron der heilige Johannes war, ihren Sitz in der ehemaligen Kapelle. Die Kaufmannsgilde, in der sich die Kaufleute nahezu zeitgleich vereinigten, residierte im ehemaligen Refektorium des aufgelösten Franziskanerklosters. Da das Gildehaus der Handwerker kleiner war als das der Kaufleute, wurde es Kleine Gilde und das andere Große Gilde genannt. Beide Häuser wurden Mitte des 19. Jahrhunderts vollständig umgebaut. Zuerst erfolgte der Umbau des Großen Gildehauses nach einem Entwurf des Architekten Karl Beyne. Dieser integrierte den zweischiffigen Saal mit gotischem Gewölbe und Pfeilern in den Neubau. Danach folgte der Neubau der Kleinen Gilde im englisch-neugotischen Stil nach Entwürfen des Architekten J. D. Felsko. 1935 wurden die Gilden aufgelöst. Das Große Gildehaus wird seit 1957 als Konzertsaal der **Philharmonie** genutzt.

Schräg gegenüber dem Livenplatz steht ein gelbes Jugendstilhaus mit zwei Türmchen und darauf angebrachten Katzen – das **Katzenhaus** (Kaķu māja) ➡ aE4. Ein Kaufmann, dem die Gildeaufnahme verweigert wurde, ließ die Katzenfiguren im Zorn anfertigen und mit den Hinterteilen zum Gildehaus ausrichten.

*Kreuzgang des ehemaligen Dom-
klosters in Riga*

Von der Amatu iela kommt man ein Stück weiter rechts über die Škūņu iela zum weitläufigen **Domplatz**, dem Zentrum der Altstadt. Die Grundsteinlegung des **Doms** (Doma baznīca) ➜ aE3, der rund 5000 Besuchern Platz bietet und damit der größte Sakralbau Lettlands ist, erfolgte 1211 im Auftrag von Bischof Albert. Die Kathedrale wurde im Laufe der Zeit ständig umgebaut, wieder-aufgebaut und erweitert. Das führte dazu, dass sie verschiedene architektonische Baustile – Romanik, Gotik und Barock – in sich vereinigt. Highlights im Inneren der Kirche sind die Barockkanzel von 1641 und die prächtige Orgel mit 6718 Metall- und Holzpfeifen. Sie wurde 1883 von der berühmten Orgelbaufirma Walcker aus Ludwigsburg gebaut. Sie war damals die größte und modernste Orgel der Welt. Ihrem noch heute wunderbaren Klang kann man bei einem der zahlreichen Konzerte im Dom lauschen.

Am Domplatz, im vierten Stock des **Hotels Gutenbergs** ➜ aE3, kann man ein leckeres Mittagessen auf der größten Sommerterrasse der Rigaer Altstadt genießen. Im 2014 nach Rekonstruktion neueröffneten Restaurant gibt es klassische europäische Küche.

Direkt gegenüber dem Dom ist die **Rigaer Börse** (Rīgas birža) ➜ aD3 in einem wunderschönen palastartigen Renaissance-Gebäude untergebracht. Von der Börse geht es weiter die Pils iela entlang, an deren Ende sich auf der linken Seite vor dem Schlossplatz die im späten 18. Jahrhundert erbaute **Katholische Kirche Mater Dolorosa** (Sāpju Dievmātes katoļu baznīca) ➜ aD3 erhebt. Mater Dolorosa ist ein Begriff der Marienverehrung und bedeutet »schmerzensreiche Mutter«.

Das **Rigaer Schloss** (Rīgas pils) ➜ aD3 wurde von 1330–50 als Residenz des Ordensmeisters erbaut. Es war bereits die zweite Ordensburg. Die erste, die auf dem Gelände des heutigen Konventhofs stand, wurde im Kampf der Rigaer Bürger gegen den gehassten Orden zerstört. Aufgrund seiner militärischen Funktion fiel die Gestaltung des Schlosses schlicht aus. Das Erscheinungsbild der Festung war stark von den beiden Wehrtürmen geprägt. Zu den wenigen künstlerischen Elementen zählten zunächst nur die Portraitreliefs der heiligen Maria und des Ordensmeisters Wolter von Plettenburg, die sich über dem Burgeingang befinden.

Im 18. und 19. Jahrhundert folgten mehrere Umbauarbeiten, unter anderem auch der Einbau diverser Prachtsäle, wie der des Weißen Saals. Das Schloss diente nun als Residenz verschiedener Machthaber der Stadt. 1938 wurde es um den Dreisterneturm, ein Entwurf des lettischen Architekten Eizens Laube (1880–1967), erweitert. Heute hat der lettische Staatspräsident im Schloss seinen Amtssitz. Ferner sind dort das Lettische Historische Museum, das Museum für Ausländische Kunst und das Museum für Literatur, Theater und Musik untergebracht.

Vom Schlossplatz geht es weiter in die Mazā Pils iela zum nächsten Rigaer Wahrzeichen, den **»Drei Brüdern«** (»Trīs brāļi«) ➡ aD3. Das Gebäudeensemble besteht aus drei auf winzigen Grundstücken eng aneinander gebauten Wohnhäusern, die jeweils zu unterschiedlichen Zeiten fertiggestellt wurden und verschiedene Architekturstile aus dem 15. bis 17. Jahrhundert zeigen. Die Gebäude dienten als Wohn- und Handelshäuser. Die Nummer 17, der älteste »Bruder«, mit Stufengiebel und gotischen Nischen, stammt aus dem 15. Jahrhundert. In Nummer 19 ist heute das Architekturmuseum Lettlands untergebracht.

Der Mazā Pils iela folgend gelangt man zur Kreuzung mit der Jēkaba iela. Wenn man links abbiegt steht man unmittelbar vor der frühgotischen **Jakobikirche** (Jēkaba baznīca) ➡ aD3, die erstmals 1226 urkundlich erwähnt wurde. In der im 15. Jahrhundert angebauten Kapelle entstand 1675 eines der ersten Rigaer Gymnasien. Die Kirche ist heute die Kathedrale der katholischen Gemeinde Lettlands. Auffällig ist, dass sich die Kirchenglocke außen statt innen befindet. Die »Glocke der unglücklichen Sünder« wurde einer Legende nach dort auf Wunsch der Bürger angebracht und läutete immer von selbst, wenn untreue Ehefrauen vorbeigingen.

Geht man nun über die Jēkaba iela weiter Richtung Jakobsplatz (Jēkaba laukums), gelangt man zur Torna iela und von dieser rechts abbiegend zur **Jakobskaserne** (Jēkaba kazarmas) ➡ aD4, dem längsten Gebäude Rigas. Die aus dem 18. Jahrhundert stammende Kaserne wurde aufwendig restauriert und beherbergt heute viele Geschäfte, Cafés und Wohnungen. Gegenüber befinden sich restaurierte Fragmente der alten Stadtmauer mit dem nachgebauten **Rahmerturm** (Rāmera tornis).

Etwas westlich vom Turm erhebt sich das **Schwedentor** (Zviedru vārti) ➡ aD4, das wahrscheinlich in die Stadtmauer gebrochen wurde, um den in der Nähe stationierten schwedischen Söldnern einen schnellen Zugang in die Stadt zu ermöglichen.

Weiter über die Jēkaba iela kommt man zum **Pulverturm** (Pulvertornis) ➡ aD4, der erstmals 1330 unter dem Namen Sandturm Erwähnung fand. Da später in seinen Kellern Schießpulver gelagert wurde,

Die Altstadt von Riga gehört seit 1997 zum UNESCO-Weltkulturerbe

*Einst eines der zentralen Elemente im Vertei-
digungssystem von Riga: der Pulverturm*

benannte man ihn im 16. Jahrhundert in Pulverturm um. Entsprechend seiner Funktion im Verteidigungssystem der Stadt hat der Turm rund drei Meter dicke Mauern und viele Schießscharten. Heute ist darin das Kriegsmuseum Lettlands untergebracht.

Gegenüber dem Pulverturm, jenseits der Straße, sieht man den **Basteiberg** (Bastejkalns) ➜ aD4. Der Berg und seine Umgebung zählen zu den schönsten Parks der Rigaer Innenstadt. Südöstlich reicht er bis an die Nationaloper heran. Nach einem Beschluss aus dem Jahr 1857, auf die alten Befestigungssysteme aus Stadtwall und Stadtgraben zu verzichten, wurde er künstlich angelegt. Teile der Erdmassen, die beim Abtragen der Wälle anfielen, wurden unter anderem zum Füllen der Gräben genutzt. Der Rest wurde zu einem Hügel aufgeschüttet und der Basteiberg war geboren – ein frühes Beispiel stofflicher Verwertung. Später wurde die gesamte Anlage bepflanzt sowie Spazierwege und ein künstliches Bächlein angelegt.

Nach einem kleinen Spaziergang durch den Park stößt man auf die Kalku iela, an der eine schöne Uhrensäule, die **Laima-Uhr** (Laimas pulkstenis) ➜ aD4, zu sehen ist. Der Name stammt von einer gleichnamigen bekannten Rigaer Schokoladenmarke (Laima: dt. Glück). Ursprünglich aufgestellt, um der arbeitenden Bevölkerung den pünktlichen Dienstantritt zu erleichtern, ist die Uhr heute ein beliebter Treffpunkt von Rigas Jugendlichen.

Nordöstlich davon, nur wenige Schritte den Brīvības bulvaris, den Freiheitsboulevard, entlang, erhebt sich das stolze Symbol der lettischen Freiheit und Unabhängigkeit, das **Freiheitsdenkmal** (Brīvības piemineklis) ➜ aD4, im Volksmund auch »Milda« genannt. Es wurde 1931–35 nach Entwürfen des zu dieser Zeit sehr angesehenen Bildhauers Karlis Zāle vom Architekten Ernests Stalbergs errichtet und ersetzte ein Reiterstandbild Peters des Großen. Finanziert wurde das Denkmal aus Spenden der Bevölkerung.

An der Spitze des 42 Meter hohen Obelisken befindet sich die symbolische Figur einer weiblichen Gestalt, die die Selbstständigkeit Lettlands verkörpert. Die drei Sterne, die die Dame in den Händen hält und gen Himmel streckt, symbolisieren die drei historischen Regionen Lettlands: Kurland (Kurzeme), Livland (Vidzeme) und Lettgallen (Latgale). Offizielle Stellen behaupteten zu Sowjetzeiten, die drei Sterne symbolisierten die Einheit der drei baltischen Sowjetrepubliken.

Am Sockel des Denkmals zeigen verschiedene Skulpturengruppen wichtige Ereignisse der lettischen Geschichte, so z. B. »Wächter des Vaterlands«, »Mutter Lettlands« und »Arbeit und Familie«. Während der Perestroika wurde der Platz um das Freiheitsdenkmal regelmäßig für Diskussionen und Versammlungen genutzt. Heute legen Hochzeitspaare oft Blumen am Fuße des Denkmals nieder oder es finden Musik-Festivals auf Bühnen davor statt.

Erwähnenswert ist auch die Ausrichtung des Denkmals: Die Statue der Freiheit blickt, ebenso wie die mit stolzem Ausdruck dargestellten Figuren am Fuße des Denkmals, Richtung Westen. Die Figuren in Ketten und mit gesenktem Haupt schauen dagegen Richtung Osten.

Geht man den Boulevard nun weiter Richtung Neustadt, gelangt man zur **Russisch-orthodoxen Kathedrale** (Pareizticīgo katedrāle) ➡ aC5 am Eingang zum Esplanäde-Park. Die mit fünf Kuppeln beeindruckende Kathedrale wurde 1884 fertiggestellt. Im Innenraum war sie ursprünglich mit Fresken der bekanntesten Künstler der damaligen Zeit ausgestattet. Leider zerstörten die Sowjets diese Kunstwerke, als sie die Kathedrale zeitweise als Planetarium nutzten. Mit Sammlungen und Spenden konnte die Kathedrale inzwischen aufwendig restauriert werden. Im Esplanäde-Park befinden sich in Sichtweite der Kathedrale zudem die Kunstakademie und das Kunstmuseum. Nördlich grenzt der Park an die ❷ **Elizabetes iela** ➡ aB3–aE6, in der die schönsten Jugendstilhäuser Rigas stehen.

Zurück zum Stadtzentrum geht es weiter durch den Vērmanes-dārzs-Park an der lettischen Universität vorbei zum Endpunkt des Stadtrundgangs, der **Nationaloper** (Latvias Nacionālā opera) ➡ aE4/5. Auf den Bänken in den Grünanlagen kann man sich etwas ausruhen und die vielen Eindrücke auf sich wirken lassen. Die Figuren im Springbrunnen stammen von August Volz (1887). Das Haus selbst wurde 1863 als Deutsches Theater eingeweiht, brannte 1882 aufgrund einer defekten Gasbeleuchtung komplett aus und wurde aufwendig restauriert. Dabei wurden die Innenräume ausgebaut und technische und dekorative Erweiterungen vorgenommen. Das äußere Erscheinungsbild blieb unverändert.

1995 wurde das Haus, zuvor bereits in Lettische Nationaloper umbenannt, nach vierjähriger Generalüberholung unter anderem mit einer hochmodernen Bühnenanlage feierlich neu eröffnet. 2001 konnte ein angebauter neuer Saal eingeweiht werden.

Jugendstil

Die kunstgeschichtliche Epoche des Jugendstils um die Wende vom 19. zum 20. Jahrhundert kennt viele Bezeichnungen wie Art nouveau, Modern Style oder Modernismo. Benannt nach der 1896 in München gegründeten Illustrierten »Die Jugend« ist diese Bezeichnung nur in Deutschland, den Niederlanden und in Lettland gebräuchlich. Jugendstil ist gekennzeichnet durch dekorativ geschwungene Linien, großflächige florale Ornamente und die Abkehr von Symmetrien. Es sollte die Wiedereinbeziehung der Kunst in das Alltägliche vollzogen und die Verschmelzung von Kunst und Leben dargestellt werden. Den dekorativen Künsten kam dabei eine besondere Bedeutung zu. Die Funktionalität eines Gebäudes sollte auch in dessen Gestaltung zum Ausdruck gebracht werden.

Stadtbildprägend: der Jugendstil

Service-Informationen Riga

Riga-Card

Diese Ermäßigungskarte gilt als Transportticket für Bus- und Straßenbahnlinien sowie als Eintrittsticket in viele Museen. Ferner erhält man mit der Karte vielfach Rabatte, z.B. auf verschiedene Serviceleistungen, in Souvenirshops und in Restaurants. Die Karte ist erhältlich für 24 (€ 25), 48 (€ 30) oder 72 (€ 35) Stunden, auf LiveRiga.com 10 % Rabatt. Kinder unter 16 Jahren erhalten eine Ermäßigung (www.rigacard.lv).

ℹ️ **Tourist Information** ➡ aE3/4
Rātslaukums 6, 1050 Riga
✆ 67 03 79 00, www.LiveRiga.com
Tägl. 10–18 Uhr
Vor dem Schwarzhäupterhaus befindet sich im Haus Schwab das Koordinations- und Informationszentrum für Tourismus in Riga. Dort gibt es in einer Vielzahl von Sprachen eine Fülle ausgezeichneter kostenfreier Informationsmaterialien. Zu empfehlen ist die Broschüre »Riga in your pocket«. Sie erscheint in zweimonatigem Turnus (engl.) und enthält aktuelle Veranstaltungshinweise sowie Wissenswertes über Stadt und Umgebung. Das Heft erhält man u.a. beim Kauf einer Riga-Card kostenlos.

🚌 **Busbahnhof** ➡ aF5
Prāgas iela 1, Riga
✆ 90 00 11 11, www.autoosta.lv
Tägl. 5–24 Uhr, Informationsbüro tägl. 8–21 Uhr
Vom Riga International Coach Terminal aus kommt man günstig in fast jede lettische Stadt. Empfehlenswert sind auch Touren nach Estland und Litauen (z.B. Riga-Vilnius ab € 7). Meist fahren die Eurolines-Busse verschiedene Fernziele mehrmals am Tag an.

Infos am Schalter. Tickets auch unter: ✆ 67 21 45 12, www.ecolines.lv.

🏛 **Jüdisches Museum/Zidu muzejs** ➡ aB5
Skolas iela 6, Riga
✆ 67 28 34 84, www.jewishmuseum.lv
So–Do 11–17 Uhr
Eintritt frei, Spenden willkommen
Kleines, informatives Museum im dritten Stock. In englischer und lettischer Sprache wird die leidvolle Geschichte der lettischen Juden seit dem 18. Jh. gezeigt.

🏛🌿 **Lettisches Ethnografisches Freilichtmuseum/Latvijas etnogrāfiskas brīvdabas muzejs** ➡ F7
Brīvības iela 21, Riga
✆ 67 99 41 06 (Exkursionen und telefonische Auskünfte)
www.brivdabasmuzejs.lv
Tägl. 10–17 Uhr, Eintritt € 4
Im ältesten Freilichtmuseum des Baltikums stehen Gebäude aus den verschiedenen Landesteilen, von denen einige über 300 Jahre alt sind. Das mehr als 100 ha umfassende Gelände befindet sich am Juglas-See, nur ca. 8 km von der Innenstadt entfernt in östlicher Richtung. Mit den Buslinien 1 und 7599 gelangt man am besten ohne Auto zum Museum. Im Gasthaus werden leckere altlettische Gerichte serviert.

🏛 **Lettisches Okkupationsmuseum/Latvijas okupācijas muzejs** ➡ aE3
Raiņa bulvāris 7, Riga
✆ 67 21 27 15
www.occupationmuseum.lv
Tägl. 11–18 Uhr
Eintritt frei, Führungen ab € 10
Beeindruckende und erschütternde Ausstellung, die den Terror

des nationalsozialistischen und des kommunistischen Regimes thematisiert.

🏛️♻️ Motormuseum/ Rīgas motormuzejs ➡ F7
Eizenšteina 8, Riga
Bus 5, 21, 15, Trolleybus 14, 18
✆ 67 02 58 88
www.motormuseum.com
Tägl. 10–18 Uhr
Eintritt € 10/5
Sammlung von Oldtimern, z. B. Rolls-Royce, BMW, Mercedes. Hingucker sind die Wachsfigur Leonid Breschnews (1906–82) am Steuer seines Unfall-Rolls-Royce und die von Stalin in seinem gepanzerten ZIS 115 (= Limousine des Herstellers Zavod Imeni Stalina, dt. Stalinwerk).

🏛️ Museum für Dekorative Kunst und Design/Dekoratīvās mākslas un dizaina muzejs ➡ aE4
Skārņu iela 10, Riga
✆ 67 22 22 35
www.lnmm.lv
Tägl. außer Mo 11–17, Mi bis 19 Uhr
Eintritt € 5/2,50
Das Museum zeigt lettische Designkunstwerke und präsentiert sie in sieben verschiedenen Sammlungen, die im ältesten gemauerten Gebäude Rigas, der

Etwas außerhalb von Riga befindet sich das Lettische Ethnografische Freilichtmuseum, in dem ...

ehemaligen St.-Georg-Kirche, untergebracht sind.

👁️🎵 Dom/Rīgas Doms ➡ aE3
Doma laukums 1, Riga
✆ 67 50 92 80, www.doms.lv
Tägl. 9–18, Di und Fr bis 17 Uhr
Auskünfte zu Konzerten im Dom:
✆ 67 21 32 13, tägl. 10–17 Uhr und bis 1 Std. vor Konzertbeginn, Tickets € 7–15
Der Rigaer Dom ist einer der ältesten Sakralbauten Lettlands; Grundsteinlegung war bereits am 25.7.1211. Auch den Besuch eines Orgelkonzerts im Dom sollte man nicht versäumen. Organisten aus aller Welt geben hier gerne Konzerte, um auf der einzigartigen Orgel zu spielen.

... alte lettische Traditionen wieder lebendig werden

⊙ Johanniskirche/Jāņa baznīca
➡ aE4
Skārņu 24, Riga
✆ 67 22 40 28, www.janabaznica.lv
Tägl. 11–20 Uhr, während privater Zeremonien geschl.
Kirche mit einzigartigem Stufengiebel und spätgotischem Eingangsportal.

⊙ Jüdische Peitav Synagoge/ Sinagoge Peitavas ➡ aF4
Peitavas iela 6/8, Riga
✆ 67 21 45 07
www.jews.lv
Mo–Do 10–16, Fr 8–15 Uhr
Eintritt frei, Spenden willkommen
Die einzige erhalten gebliebene Synagoge wurde 1905 im Jugendstil mit altägyptischen Motiven errichtet. Die jüdische Gemeinde umfasst heute ca. 12 000 Mitglieder.

⊙ 🏛 Kalnciema-Viertel
➡ westl. aEs
www.kalnciemaiela.lv
Das im Jahr 2001 restaurierte Viertel besteht aus sechs Holzhäusern aus dem 19. Jahrhundert, die im Stil des späten Klassizismus Westeuropas errichtet wurden. Samstags verkaufen heimische Bauern und Handwerker ihre Waren auf dem Markt (10–16 Uhr). Kinder können sich in verschiedenen

Rigaer Backsteingotik: die Johanniskirche mit ihrem einzigartigen Giebel

kreativen Workshops (kostenfrei) ausprobieren oder auf dem bunten Karussell fahren. Im Sommer Do ab 17 Uhr Open-Air-Konzerte.

⊙ 🎵 Konzerthalle Große Gilde/ Mazā ģilde ➡ aE4
Amatu 5, Riga
✆ 67 22 48 50, www.lnso.lv
Tickets Mo–Fr 12–19 Uhr
Zählt zu den ältesten öffentlichen Gebäuden des Baltikums. Sitz des Lettischen Philharmonischen Orchesters.

⊙ 🎭 Lettische Nationaloper/ Latvias nacionālā opera ➡ aE4/5
Aspazijas bulvāris 3, Riga
✆ 67 07 37 77, ww.opera.lv
Tickets Mo–Sa 10–19, So 11–19 Uhr
Das »Weiße Haus« von Riga ist ein opulentes Opernhaus mit preisgünstigen Opern- und Ballettaufführungen. Es wird viel Wert auf ein Gleichgewicht beider Genres gelegt. Ballett steht in Riga unter einem guten Stern: Baryschnikow ist ein Sohn der Stadt.

⊙ 🏛 Petrikirche/Pētera baznīca
➡ aE4
Skārņu iela 19, Riga
✆ 67 18 19 43
www.peterbaznica.riga.lv
Di–Sa 10–19, So 12–19 Uhr
Eintritt Ausstellung und Plattform € 9
Die dreischiffige Basilika wurde 1209 erbaut und ist heute ein einzigartiges Kunst- und Kulturzentrum. Von der Aussichtsplattform des Kirchturms hat man einen atemberaubenden Blick auf Riga und kann tolle Panoramabilder machen.

⊙ 🏛 Rigaer Zentralmarkt/ Vāgnera zāle ➡ aF5
Centraltirgus, Nēģu iela 7, Riga
✆ 67 22 99 85, www.rct.lv
Tägl. 7–18, Mo und So bis 17 Uhr
Einer der größten Lebensmittelmärkte Europas in ehemaligen Zeppelinhangars aus dem Ersten

Weltkrieg. Der Zentralmarkt wird von den Einheimischen liebevoll »Bauch« und »Magen« der Stadt genannt. Tolle Atmosphäre, Gedränge und frischer Kaviar zu verbraucherfreundlichen Preisen. Eine echte Sehenswürdigkeit.

Auf dem Rigaer Zentralmarkt

🌐📺📶 **Rixwell Hotel Konventa Sēta** ➡ aE4
Kalēju 9/11, Riga
✆ 66 77 88 68, www.rixwell.com
Der einmalige mittelalterliche Gebäudekomplex ist ein architektonisches Schmuckstück mitten in der Altstadt. Auf dem Konventhof-Gelände befinden sich u. a. noch eine Galerie und ein Café. Im Keller des Haupthauses sind Reste der alten Stadtmauer zu sehen.

🌐❶ **Schwarzhäupterhaus/ Melngalvju nams** ➡ aE4
Ratslāukums 7, Riga
✆ 67 04 36 78
www.melngalvjunams.lv
Tägl. außer Mo 11–18 Uhr
Das Versammlungs- und Gelagehaus der Schwarzhäupter, einer mittelalterlichen Bruderschaft unverheirateter deutscher Kaufleute, wurde 1344 errichtet. Es ist eines der prächtigsten Gebäude der Stadt und Ausgangspunkt einer faszinierenden Zeitreise.

🌐🎵 **Wagner-Konzertsaal/ Vāgnera Zāle** ➡ aE4
Riharda Vāgnera iela 4, Riga
✆ 67 21 50 18
www.latvijaskoncerti.lv
Klassische Konzerte im Konzertsaal des ehemaligen Stadttheaters. Hier dirigierte Richard Wagner erstmals in der Musikgeschichte mit zum Orchester anstatt zum Publikum gewandtem Gesicht. 1837–39 arbeitete er zwei Saisons als Kapellmeister im Rigaer Theater. Auch seine Oper »Rienzi« komponierte er hier. Die Regierung plant den Wagnersaal zu sanieren (Investition: 200 Mio. Euro).

🚶🎡 **Zoologischer Garten/ Zooloģiskais dārzs** ➡ F7
Meža prospekts 1, Riga
Tram 11: Zoologiskais dārzs
✆ 67 51 84 09, www.rigazoo.lv
Tägl. 10–17, im Sommer bis 19 Uhr
Eintritt € 6/4
Der Zoologische Garten wurde 1912 eröffnet. Mit Beginn des Ersten Weltkriegs wurden die meisten Tiere nach Deutschland gebracht und der Zoo wurde geschlossen. 1933 wiedereröffnet war er zu Sowjetzeiten mit über 2000 Tieren und über 400 Tierarten einer der größten der Sowjetunion. Die Zahl der Bewohner konnte bis heute kontinuierlich ausgebaut werden. Hier kann man einen ganzen Tag verbringen.

Die liebevoll restaurierten Holzhäuser des Kalnciema-Viertels in Riga

In Rigas Altstadt gibt es ein reges Nachtleben

✕ ◧ 🎵 Paddy Whelan's Irish Pub & Sports Bar ➡ aE4
Grēcinieku iela 4, Riga
☏ 67 21 01 50, www.pub.lv
Mo–Do 11–1, Fr/Sa 11–3, So 11–24 Uhr
Ältester irischer Pub des Baltikums. Große Auswahl lokaler und importierter Biere und Whisky; echte irische und indische Küche. €€

✕ 🎵 Folkklubs Ala Pagrabs ➡ aF4
Peldu 19, Riga
☏ 27 79 69 14, www.folkklubs.lv
Mi 12–3, Do 12–4, Fr 12–6, Sa 14–5, So 14–1 Uhr
Beliebt bei allen, die gute Speisen und Getränke sowie Folk-Musik unter mittelalterlichen Backsteingewölben mögen. Fr und Sa unbedingt reservieren. €

✕ Lido Alus Sēta ➡ aE3
Tirgoņu iela 6, Riga
☏ 67 22 24 31, www.lido.lv
Tägl. 11–22 Uhr
Urige Gaststätte, zentral in der Altstadt gelegen, mit preiswerten, herzhaften lettischen Gerichten (Büfett) und Fassbier, Bedienung in lettischen Trachten. €

🖥 ✕ Osīris ➡ aE5
Krišjāņa Barona iela 31, Riga
☏ 67 24 30 02, www.cafeosiris.lv
Mo–Fr 8–24, Sa/So 10–24 Uhr

Gutes, günstiges Frühstück, Sandwiches, internationale Küche und ein romantisches Ambiente machen das Café zum beliebten Ort lokaler Politiker und Intellektueller. €

🍷 🎵 Night Club »Studio 69«
➡ östl. aB6
Brīvības ielā 96, Riga
☏ 67 50 60 30, www.studio69.lv
Fr/Sa 22–6 Uhr, Eintritt € 20
Nachtclub im Herzen von Riga unweit des Freiheitsdenkmals im Royal Casino Spa & Hotel Resort. Dresscode: Smart casual ohne Sportschuhe. Ausgezeichnete Drinks und hervorragender Sound.

🍷 Skyline Bar ➡ aC5
Radisson Blu Hotel Latvija
26. Stock, Elizabetes iela 55, Riga
☏ 67 77 22 88
www.skylinebar.lv
Mo–Do 12–2, Fr/Sa 12–3, So 11.30–2 Uhr
Hier kann man Riga aus der Vogelperspektive genießen: in lockerer Atmosphäre mit einem Cocktail in der Hand.

🍷 🍴 🎵 ✕ Lido atpūtas centrs ➡ südl. aG6
Krasta ielā 76, Riga
Tram 3, 7, 9, Bus 15, 31, 49: Maskavas iela, Bus 12 und 34: Krasta iela
☏ 67 70 00 00, www.lido.lv
Tägl. 11–23 Uhr
Das Lido Erholungszentrum liegt am Ufer der Daugava. Livemusik und Tanz jeden Abend ab 19 Uhr. Restaurants mit riesigen Büfetts. Angeschlossener Vergnügungspark. €

🛍 Shopping
In der Altstadt sind die **Tērbatas Straße** ➡ aC6/aD5 und die **Kr. Barona iela** ➡ aC6/aE5 als Shoppingmeilen bekannt. Zentral gelegene Einkaufszentren sind **Galerija Centrs** ➡ aE4 (Audēju iela 16) und **Stockmann** ➡ aE5 (13. janvāra iela 8).

🎿🎭🎵 Arena Riga ➜ F7

Skanstes 21, Riga
☏ 67 38 82 00, www.arenariga.com
Eintritt € 15–20 für Sportver-
anstaltungen, für Popkonzerte
Preise wie in Deutschland
Volkssport Nummer eins der
sportbegeisterten Letten ist Eis-
hockey. Und so war man besonders stolz, 2006 die Eishockey-
Weltmeisterschaften ausrichten
zu dürfen. Dazu wurde eigens
die neue Arena gebaut. Sie verfügt über 12 500 Sitzplätze und
ist von der Altstadt aus am be-
quemsten per Taxi zu erreichen.
Die Mehrzweckhalle wird auch
für Popkonzerte und andere Mu-
sik-, Kultur- und Unterhaltungs-
veranstaltungen genutzt.

🏌 Ozo Golf Club ➜ F7

Mīlgrāvja iela 16, Riga
☏ 67 39 43 99, www.ozogolf.lv
Ab Anfang April tägl. 8–21 Uhr
Eintritt € 40–90
Einer der modernsten Golfplätze
Nordeuropas und Trainingszen-
trum des lettischen Golfteams.

Ausflugsziele:

🌲🎭🎿⚙🎿🎿 Mežaparks
➜ nördl. aA6

Der 1949 eröffnete Erholungs-
und Kulturpark liegt in einem der
wenigen kompakten Waldflächen
im Norden Rigas. Der sogenannte
Kaiserpark bietet viele Möglich-
keiten zur Freizeitgestaltung und
Erholung. Neben Spielplätzen,
einer Minigolfanlage, Outdoor-
Trainingsgeräten, asphaltierten
Wegen zum Inlinern sowie einem
Abenteuerpark gibt es einen Zoo,
eine BMX-Trasse, einen See mit
Strandcafé, viele Picknickplätze,
einen Rhododendrongarten und
im Winter zusätzlich eine Eisbahn,
zwei Ski-Loipen und eine Piste für
Snowboard und Abfahrtslauf.
Auf der großen Freilichtbühne
wird u. a. alle vier Jahre ein großes
Gesangsfest ausgetragen.

⊙ Memoriāls Rumbula ➜ F7

Bus 18: Rumbula
www.jews.lv
Jederzeit kostenfrei zugänglich
In diesem Wald, etwa 8 km von
Riga entfernt, wurden am 30.11.,
8. und 9.12.1941 etwa 27 500 Juden erschossen, größtenteils lettische Juden aus dem Rigaer Ghet-
to. Es gab nur zwei Überlebende
dieses Massakers. Frieda Fried,
eine der beiden, veröffentlichte
ihre Lebensgeschichte als Frida
Michelson (»Ich überlebte Rumbula«). 2002 wurde hier eine Ge-
denkstätte eingeweiht. In deren
Zentrum steht, inmitten von Gra-
nitsteinen mit den Namen der Er-
mordeten, eine stilisierte Menora.

⊙ Wald von Biķernieki ➜ J12

www.jews.lv
Jederzeit kostenfrei zugänglich
Im »Wald der Toten« wurden von
1941–44 etwa 35 000 Personen
ermordet, 55 gekennzeichnete
Massengräber erinnern an das
Grauen ebenso wie der 2001 eröffnete Mahnmalkomplex. In seinem Zentrum steht ein schwarzer
Kubus aus Granit mit der Inschrift
aus dem Buch Hiob: »Ach Erde,
bedecke mein Blut nicht, und
mein Schreien finde keine Ruhe-
statt!«. Die um den symbolischen
Altar aufgestellten Steine erinnern an jüdische Grabsteine.

⊙ Salaspils memoriāls/
Gedenkstätte Salaspils ➜ F7

Jederzeit kostenfrei zugänglich
Etwa 18 km südöstlich von Riga
befindet sich diese KZ-Gedenk-
stätte. 1942–44 war Salaspils
Arbeitserziehungs- und Polizei-
haftlager für zivile lettische Häftlinge, Russen, Roma u. a. sowie
Durchgangslager für Zwangs-
arbeiter und »partisanenver-
dächtige« Personen. Sieben
überlebensgroße Skulpturen, im
Jahr 1967 errichtet, mahnen weit
sichtbar auf dem ehemaligen Ap-
pellplatz. ∎

Reiseregionen, Orte und Sehenswürdigkeiten

Lettgallen/Latgale

Lettgallen (lettisch: Latgale) ist eine der vier historischen Regionen Lettlands. Da es viele Seen gibt – 972 sollen gezählt worden sein –, wird die Region im Osten Lettlands auch gern »Land der blauen Seen« genannt. Die vielen Wälder und Seen und unzählige Natur- und Touristenpfade machen Lettgallen zum Geheimtipp für Naturliebhaber. Das Potenzial zur Ferienregion ist da, die Entwicklung entsprechender Infrastruktur kommt langsam in Gang.

Der wahre Reichtum Letgallens aber sind die Menschen, die sich trotz schwieriger Wirtschaftslage ihre Herzlichkeit und ihre multikulturelle Aufgeschlossenheit bewahrt haben. Hier leben von jeher Litauer, Polen, Weißrussen, Russen und Lettgallen miteinander. Die unterschiedlichen Bevölkerungsgruppen, Sprachen und Traditionen machen das Besondere der Region aus.

Aglona ➡ J12

Aglona ist ein kleiner Wallfahrtsort nordöstlich von Daugavpils. Die **Basilika von Aglona** steht auf geweihtem Boden und hat enorme religiöse Strahlkraft für katholische Gläubige, die jährlich zu Mariä Himmelfahrt nach Aglona pilgern.

Darüber hinaus ist Aglona durch den Reichtum an Wasser auch touristisch attraktiv. Die zahlreichen Seen sind teilweise miteinander verbunden und bestens geeignet für Bootstouren. Längst ist der Wallfahrtsort auf dem schmalen Landstreifen zwischen dem Cirišs-See und dem Aglonas-See (Aglonas ezers) ein beliebtes Ausflugsziel und Sommerfrische auch für russische Familien.

ℹ️ **Tourist Information** ➡ J12
Daugavpils iela 1
5304 Aglona
✆ 65 32 21 00
www.aglona.travel
Mo–Fr 8.30–17 Uhr

🏛 **Brotmuseum von Aglona/ Aglonas maizes muzejs** ➡ J12
Daugavpils iela 7, Aglona
✆ 29 28 70 44
www.aglonasmaize.viss.lv
Mo–Fr 9–17 Uhr, Eintritt € 4

Der Wallfahrtsort Aglona liegt zwischen den Seen Ciriš und Egles

Hier erfährt man alles, was mit Getreide und Brotbacken zu tun hat, kann eine Handmühle selbst drehen, Brot backen und verkosten. Die gute Seele des Museums ist die Wirtin Vija Kudina: Sie begrüßt die Gäste in Tracht und mit lettgallischen Volksliedern.

🏛 Museum des Zweiten Weltkrieges/2. pasaules kara muzejs
➡ J12
Daugavpils iela 40, Aglona
✆ 65 32 13 80, www.ww2.viss.lv
Mo–Fr 9–17 Uhr
Eintritt frei
Auf Kategorien wie Gut und Böse verzichtet das Museum bewusst, dennoch wird dem Besucher das unbeschreibliche Grauen des Krieges sehr eindringlich nähergebracht. Wertvollste Exponate sind die Feldpostbriefe des Oberleutnants August und seiner Geliebten Martha, eine sehr persönliche Chronik fünf langer Kriegsjahre.

◉ Basilika von Aglona/ Aglonas bazilika ➡ J12
Ciriša iela 8
✆ 65 38 11 09
www.aglonasbazilika.lv
Tägl. 7–19 Uhr (außer zum Gottesdienst), Eintritt frei
Die spätbarocke Basilika befindet sich in der Nähe einer Quelle, der Heilkräfte nachgesagt werden, was sie zur wichtigen Pilgerstätte macht. Auch Papst Johannes Paul II. stattete ihr 1993 einen Besuch ab. Zu ihren Kunstschätzen gehört das berühmte Heiligenbild »Die Gottesmutter, Wundertäterin von Aglona« aus dem 17. Jh.

◉ Königsberg von Christus/ Kristus karaļa kalns ➡ J12
Karaja kains, Aglona
✆ 27 88 55 91 (Führungen nach tel. Absprache), www.agkk.lv
Eintritt frei
Der Königsberg von Christus befindet sich am Ufer des Egle-Sees

Der Königsberg von Christus: Die Holzfiguren stammen vom lettischen Künstler Ēriks Delpers

unweit der Basilika von Aglona. Hier stehen in einem Park riesige Holzskulpturen biblischer Figuren. Der Künstler Ēriks Delpers schuf diese auf dem Familienhof von Jānis Stupāne. Der Park ist besonders bei Pilgern und Anhängern von Holzskulpturen beliebt.

Daugavpils ➡ K11
Nur 20 Kilometer von der litauischen und 30 von der weißrussischen Grenze entfernt liegt die zweitgrößte Stadt Lettlands und die Hauptstadt der historischen Region Lettgallen: Daugavpils (dt. Dünaburg). Die Umgebung ist reich an Wäldern und landwirtschaftlich genutzten Flächen, die Stadt selbst ein wichtiges wirtschaftliches, kulturelles und touristisches Zentrum. Der Fluss Düna fließt mitten durch den Ort; das Stadtzentrum liegt am rechten (nördlichen) Ufer.

Bereits 1582 erhielt die vom Livländischen Orden gegründete Siedlung Stadtrecht, war aber schon lange zuvor ein wichtiger Handels- und Militärposten. Nach einigen Namensänderungen – Dinaburg (1275), Borisoglebsk (1656–67), Dvinsk (1893–1920) –

Die Festung Daugavpils wurde im Jahr 1810 in Erwartung eines Angriffs der napoleonischen Armee in großer Eile errichtet

heißt die Stadt seit 1920 Daugavpils. Im Zweiten Weltkrieg wurden zwei Drittel aller Gebäude zerstört. Nach Kriegsende begann man zügig mit dem Wiederaufbau; schnell ging es auch wirtschaftlich und kulturell wieder bergauf. Heute hat Daugavpils etwa 92 000 Einwohner und eine der größten Universitäten der Region.

Die Stadt stand in ihrer Geschichte unter der Herrschaft verschiedener Nationen; Polen, Schweden, Russen und Deutsche hinterließen ihre Spuren und prägten Kultur, Architektur und Bevölkerungsgemisch. Heute ist Daugavpils die größte mehrheitlich russischsprachige Stadt der EU. Während der russischen Besatzung wurden viele Russen hier angesiedelt, die später geblieben sind und inzwischen längst ihr Zuhause hier haben. Ihr Bevölkerungsanteil beträgt etwa 54 Prozent; der der Letten lediglich 20 Prozent.

ℹ️ **Tourist Information** ➡ J12
Rīgas iela 22 A, 5401 Daugavpils
✆ 65 42 28 18
www.visitdaugavpils.lv
Tägl. 10–18 Uhr, Okt.–April So geschl.

🏛 **Heimat- und Kunstmuseum/ Daugavpils Novadpētniecības un mākslas myzejs** ➡ K11
Rīgas iela 8, Daugavpils
✆ 65 42 41 55, www.dnmm.lv
So/Mo 10–16, Di–Sa 10–18 Uhr
Eintritt € 1,50
Das 1938 gegründete Heimat- und Kunstmuseum residiert in einem der attraktivsten Gebäude der Stadt. Im Jugendstilgebäude von 1883 werden kulturhistorische, naturwissenschaftliche und künstlerische Sammlungen aus der Region Daugavpils ausgestellt.

🏛 **Mark Rothko Kunstzentrum/ Marka Rotko mākslas centrs**
➡ K11
Mihaila iela 3, Daugavpils
✆ 65 43 02 73
www.rothkocenter.com
Di, So 11–17, Mi–Sa 11–19 Uhr
Eintritt € 8/4, Rothko-Abteilung € 5/2,50, Abteilungen C und D je € 2,50/1,50
Das 2013 eröffnete Kunstzentrum residiert im Waffensaal der Artillerie der Festung von Daugavpils, einem geschichtsträchtigen Ort. Eine Dauerausstellung zeigt Originale und Reproduktionen von Mark Rothko. Es ist das einzige Museum in Osteuropa, das Origi-

nale des Mitbegründers des abstrakten Expressionismus besitzt. Weiterhin gibt es Ausstellungen bekannter internationaler und lettischer Künstler verschiedener Genres wie Malerei, Grafik, Fotografie, Keramik und Textilkunst.

⊙ ❸ Festung Daugavpils/ Daugavpils cietoksnis ➡ K11

Hospitāļa iela, Daugavpils
℃ 65 42 40 43
www.visitdaugavpils.lv
Mo–Fr 9–17 Uhr, Eintritt frei
Die Festung Daugavpils, früher auch Festung Dünaburg oder Festung Dwinsk genannt, ist die einzige vollständig erhaltene ihrer Art in Osteuropa und das Wahrzeichen der Stadt. In Erwartung des Angriffs der napoleonischen Armeen begann man 1810 in großer Eile mit dem Bau. Bereits 1812 bestand die noch unfertige Festung ihre »Feuertaufe«. Als die Bauarbeiten an der 150 ha großen Anlage 1878 vollständig beendet waren, war die Festung bereits veraltet.

⊙ Kirchberg/Baznīcu kalns ➡ K11

Das beeindruckende architektonische Ensemble besteht aus vier eng nebeneinanderstehenden Gotteshäusern. Die vier Kirchen dienen unterschiedlichen Konfessionen (Orthodoxen, Altgläubigen, Katholiken und Lutheranern) und bilden auf dem Kirchberg eine durchaus sehenswerte Ökumene. Architekt Wilhelm Neumann, geboren in Mecklenburg, baute den Katholiken um 1900 eine Kirche im neoklassizistischen und den Protestanten eine im gotischen Stil.

⊙ 🖼 Munitionsfabrik/Daugavpils skrošu rūpnīca ➡ K11

Varšavas iela 28, Daugavpils
℃27 76 66 55, www.dsr.lv
Führungen auf Englisch Mi–So 10 und 16 Uhr

Eintritt € 5,50/3,50, bis 6 J. frei, Schießen und Klettern auf den Bleigießturm extra
Das Werk und der 37 m hohe Bleigießturm gehören zu den ältesten Anlagen der Industriegeschichte Lettlands. Hier wird schon seit Jahrhunderten Munition produziert. Vom Fabrikturm hat man eine tolle Aussicht.

⊙ 🏛 Synagoge und Museum/ Myzejs Ebreji Daugavpilī un Latgalē ➡ K11

Cietokšņa iela 38, Daugavpils
℃ 29 54 87 60
www.jewishlatgale.lv
Öffnungszeiten nach Vereinbarung
Eintritt frei, Spenden willkommen
Das 1850 errichtete Kaddisch-Gebetshaus ist die einzige Synagoge der Stadt. Sie beherbergt das Museum »Juden in Daugavpils und Latgale«. Der Heimatkundler Iosip Rocko berichtet vom jüdischen Leben in der Region, den Traditionen und der Geschichte. Zudem werden Fotografien, Zeitschriften, Kalender, Bücher, Haushaltsgegenstände und mehr gezeigt.

🏃 ⊙ Zoo/Latgales zoodārzs ➡ K11

Vienības iela 27, Daugavpils
℃ 65 42 67 89

Die orthodoxe Kirche auf dem Baznīcu kalns in Daugavpils

www.latgaleszoo.eu
Mi–So 10–18 Uhr
Eintritt € 1/0,50, Führung € 5
Der kleine städtische Zoo befindet sich unweit des Stadtzentrums. In einem künstlichen Dschungel leben gefleckte Pythons, Krokodil-Kaimane, rote Koi-Karpfen, lustige Makaken und Beuteltiere. Kinder können Fische im Teich füttern, Meerschweinchen und Kaninchen streicheln.

☒ **Gubernators** ➡ K11
Lāčplēša iela 10, Daugavpils
℘ 65 42 24 55
www.gubernators.lv
Tägl. 11–24, Fr/Sa bis 1 Uhr
Rustikale, aber geschmackvolle und stimmige Einrichtung, leckeres Essen. Mo–Fr 11–13 Uhr Business-Lunch. €€

Ausflugsziel:

Ⓢ **Römisch-katholische Kirche/ Ilūkstes Romas katoļu baznīca**
➡ J11
Zemgales 1, Ilūkste
℘ 65 46 23 68, www.celotajs.lv
Zutritt nur zu den Gottesdiensten
Im Örtchen Ilūkste auf der anderen Seite der Daugava, an der Grenze zu Litauen, findet sich eine der ältesten katholische Kirchen Lettlands aus dem Jahr 1770. Später wurde sie um ein Kloster erweitert, die ursprüngliche gemauerte Kirche, die von Graf Plater-Sieberg finanziert wurde, steht nicht mehr. Das heutige Gotteshaus ist aus dem Jahr 1816.

Westlich des Dorfes, beim Gutshof Pilskalne, liegt ein beliebtes Naherholungsgebiet, in dem es sich schön wandern lässt. Hier windet sich das Flüsschen Ilukste durch eine tiefe Schlucht, es gibt kleine Seen und Überreste alter Wehranlagen zu entdecken.

Krāslava ➡ K12/13
Vertreter des Livländischen Ordens ließen das heutige Krāslava (dt. Kreslau) im 14. Jahrhundert von einer Siedlung zu einem befestigten Stützpunkt erweiterten. 1729 kaufte Johann Ludwig Plater den Ort für 1400 Taler, er erhielt Marktrecht und die katholische Kirche wurde zum Bischofssitz. Zwei Jahrhunderte bestimmte die Familie Plater daraufhin die Geschicke der Stadt. Deutsche und polnische Handwerker und Händler ließen sich schon früh in der Region nieder, was Krāslava einen gewissen Wohlstand brachte. Davon zeugen noch heute zwei

Kann nur von außen besichtigt werden: Schloss Krāslava

Schlösser, so das **Schlossensemble Plater/Grāfu Plāteru pils komplekss ar parku**. Nach dem Anschluss Lettgallens an Russland im Jahr 1772 verschlechterte sich die wirtschaftliche Situation der Region zusehend, was sich erst mit dem Bau der Eisenbahn Riga–Daugavpils–Witebsk (1865) wieder umkehrte. Stadtrecht erhielt Krāslava erst 1923.

Da das Städtchen den Zweiten Weltkrieg nahezu schadlos überstanden hat, leben viele der ca. 8000 Einwohner noch immer in typischen Holzhäusern, die bedeutend zum Charme des Ortes beitragen.

Künstlerischer Springbrunnen in Krāslava

ℹ️ **Tourist Information** ➜ K12/13
Pils iela 2, 5601 Krāslava
☏ 65 62 22 01
www.visitkraslava.com
Mai–Sept. Mo–Fr 9.30–18, Sa/So 10.30–19, Okt.–April Mo–Fr 8.45–17.15, Sa/So 10–15 Uhr

🏛️ **Geschichts- und Kunstmuseum/Krāslavas vēstures un mākslas muzejs** ➜ K12/13
Pils iela 8, Krāslava
☏ 65 62 35 86
www.kraslavaspils.lv
Mai–Okt. Mi–Fr 10–17, Sa 10–16, So 10–14, Okt.–April Di–Fr 10–17, Sa 10–15 Uhr, Eintritt € 0,70/0,30
23 000 Exponate dokumentieren die Besiedlung der Region von der Antike bis zur Gegenwart. Eine archäologische und eine umfangreiche ethnografische Sammlung sowie Fotos, wertvolle Bücher und Dokumente sind der Stolz des Museums. In einem 17 m langen Boot ist die Kunstsammlung von Werken heimischer Künstler untergebracht.

Schlossensemble Plater/Grāfu Plāteru pils komplekss ar parku ➜ K12/13
Pils iela 6, Krāslava
☏ 65 62 35 86
www.kraslavaspils.lv

Das Schloss kann nur von außen besichtigt werden
Das gesamte Schlossensemble gilt als Architekturdenkmal; es entstand 1750–91. Im Stil des Barock geplant, wurde es Anfang der 19. Jh. klassizistisch umgebaut. Bei Renovierungsarbeiten im Jahr 1984 fand man einzigartige Barock- und Rokokowandmalereien.

Eine Aussichtsplattform neben dem Schloss ermöglicht einen ausgezeichneten Blick auf Stadt und Daugava-Tal. Im Sommer finden im Handwerkerhaus (ehemaliger Pferdestall) kulturelle Veranstaltungen, Workshops und Verkostungen statt.

Römisch-katholische Ludwigskirche/Krāslavas baznīca
➜ K12/13
Baznīkas iela 2 A, Krāslava
☏ 65 62 22 01
Eintritt frei, Spenden willkommen
Die 1767 fertiggestellte Kirche ist ein vortreffliches Beispiel barocker Architektur und ganze Stolz von Krāslava. Berühmt ist die Freskengruppe »optische Gemälde«. Die Reliquien des Heiligen Märtyrers St. Donatus (lettisch: Svētais Donats) machen Krāslava zur zweitgrößten Pilgerstätte Lettlands.

Die Burgruine auf dem Schlossberg Rēzekne: Unter den Mauerresten soll angeblich eine Prinzessin in Erwartung ihrer Erlösung schlafen

Keramikwerkstatt von Olga und Valdis Pauliņi ➡ K12/13
Dūmu iela 8
Krāslava
✆ 29 12 86 95
Um telefonische Anmeldung wird gebeten, Eintritt frei
Hier sind wahre Meister am Werk! Das Geschirr und die Keramiktöpfe, die Olga und Valdis Pauliņi in zwei Werkstätten herstellen, greifen die Ästhetik lettgallischer Keramik auf, sind dabei witzig und originell. Besucher können zuschauen, mitmachen, einen Brennofen heizen und selbst einen Topf herstellen – oder einfach Souvenirs kaufen. Infos bei der Tourist Information.

4 Rāzna-See und Rēzekne
➡ H/G13
Der **Rāzna-See** (Rāznas ezers) ➡ H13 ist flächenmäßig der zweitgrößte See Lettlands. Er hat zehn Inseln mit natürlichen Laubwäldern, seltenen Tieren und Pflanzen wie Grünes Besenmoos und Gelber Frauenschuh. 2006 wurde hier der **Nationalpark Rāzna** eröffnet, der jüngste Lettlands. Der See wird durch unzählige Bäche und Zuläufe gespeist und ist reich an Fischen. Mit einer durchschnittlichen Tiefe von sieben Metern ist er eher seicht und erwärmt sich daher angenehm; auch die Wasserqualität ist hervorragend und es gibt Sandstrände. An seinen Ost- und Südostufern liegen beliebte Badeorte, Rast- und Campingplätze. Aktivurlauber können Boot fahren, angeln, Paragliding und Wassersport betreiben. Mit der eleganten Yacht »Sea Esta« kann man aber auch ganz geruhsam einen Ausflug aufs »Lettgallische Meer« unternehmen.

Rēzekne (dt. Rositten) ➡ G13, 1285 erstmals urkundlich erwähnt, wird auch die »Stadt der sieben Hügel« genannt. Trotz der poetischen Bezeichnung ist das heutige Stadtbild unübersehbar geprägt von sowjetischer Nachkriegsarchitektur mit Schwerpunkt auf der Industialisierung. Dennoch ist die Stadt wichtiger Verkehrsknotenpunkt der Fernstraßen Riga-Moskau und St. Petersburg-Warschau und als Tor zum Nationalpark Rāzna auch von touristischer Bedeutung.

Nationalpark Rāzna/Rāznas nacionālais parks → H13

Skolas iela 3, Lipuški
℘ 26 33 74 49
www.visitdagda.com
Durchgehend geöffnet
Der Nationalpark soll die natürlichen Reichtümer der Region schützen. Fleißig wird aber auch an der touristischen Infrastruktur gearbeitet. Mehrere Fahrradrouten sind bereits angelegt. Im Park befindet sich auch mit 86 m relativer Höhe der dritthöchste Hügel Lettlands; ein Aussichtsturm ermöglicht einen wunderbaren Blick auf das »Land der blauen Seen«.

Tourist Information → G13

Krasta iela 31
4601 Rēzekne
℘ 26 33 22 49
www.rezekne.lv
Mo–Fr 10–18, Sa/So 10–16 Uhr, Okt.–April So geschl.

Lettgallisches Kulturhistorisches Zentrum/Latgales Kultūrvēstures muzejs → G13

Altbrīvōšanas aleja 102
Rēzekne
℘ 64 62 24 64, www.rezekne.lv
Juni–Aug. Mi–Fr 11–19, Sa/So 10–16, Sept.–Mai Di–Fr 10–17, Sa 10–16 Uhr, Eintritt € 2/0,50, Audio-Guide in Englisch € 2
Neben den ständigen Ausstellungen lettgallischer Keramik, Malerei und zur Stadtgeschichte gibt es jährlich etwa 20 thematische Kunstausstellungen. Örtliche und internationale Künstler präsentieren hier Malerei, Grafik, Bildhauerei und angewandte Kunst. Im Lesesaal stehen ca. 28 000 Werke lettgallischer und fremdsprachiger Literatur bereit.

Herz-Jesu-Kathedrale/ Rēzeknes Vissv. Jēzus Sirds Romas katoļu katedrāle → G13

Latgales iela 88 B, Rēzekne
℘ 64 62 45 22
Tägl. 9–18 Uhr
Eintritt frei
An der Stelle einer dem Feuer zum Opfer gefallenen Kirche wurde 1888 die pseudoromanische Kathedrale erbaut. Sie gehört zu den schönsten Kirchen Lettlands. Sehenswert sind auch die holzgeschnitzten Altäre mit Skulpturen der Jungfrau Maria, Jesus, der heiligen Theresa und anderer Heiliger sowie die Glasmalereien der ersten Bischöfe Lettlands.

Schlossberg Rēzekne und Burgruine/Rēzeknes pilsdrupas → G13

Rēzekne
℘ 26 33 22 49
www.rezekne.lv
Durchgehend geöffnet
Eintritt frei
Die Burgruine auf dem 15 m hohen Hügel gehört zu den ältesten historischen Denkmälern der Region. Schon im 9.–12. Jh. befand sich hier eine Burg der alten Lettgallen. Vom Hügel hat man einen tollen Blick auf die Stadt. Auf einer Sommerbühne finden Theateraufführungen statt. Einer Sage zufolge schläft eine Prinzessin, eingesperrt von ihrem Vater, um die Liebe zu einem Sänger zu unterbinden, bis heute unter der Ruine und wartet auf ihre Befreiung.

Lettgallische Kulturbotschaft GORS/Latgales vēstniecība GORS → G13

Pils iela 4, Rēzekne
℘ 22 02 02 06
www.latgalesgors.lv
Tägl. 10–18 Uhr (Kasse)
Eintritt je nach Veranstaltung
Eine der besten Konzerthallen des Baltikums; auch Theateraufführungen, Ausstellungen, Konferenzen, Seminare und Filmaufführungen finden hier statt. Zudem ist hier das Restaurant ZIDS beheimatet.

Livland/Vidzeme

Livland (lettisch: Vidzeme) ist eine Landschaft zwischen dem Rigaer Meerbusen und Peipussee. Der Name der Region leitet sich vom Stammesnamen der Liven ab. Seit der Auflösung der Sowjetunion liegt der nördliche Teil Livlands in Estland. Der lettische Teil gliedert sich in neun Verwaltungsbezirke und nimmt mit einer Fläche von 23 000 Quadratmetern etwa ein Drittel der Fläche des Landes ein. Sowohl die lettische Hauptstadt Riga als auch der mondäne Badeort Jürmala liegen in Livland. Die Region ist touristisch sehr gut erschlossen; in einigen Gebieten kann man sogar von Massentourismus sprechen.

Alūksne ➡ D12

Die grüne Stadt Alūksne mit ihren malerischen Hügeln, Parks und Gärten liegt am 16 Quadratmeter großen gleichnamigen See und ist bei Familien und Wassersportlern sehr beliebt.

Erstmals wird Alūksne 1285 urkundlich erwähnt; 60 Jahre später bauten deutsche Ordensritter auf der 10 Hektar großen Marieninsel des Sees eine steinerne Burg (vgl.

S. 40). Die Ruine steht bis heute, im Sommer finden dort viele kulturelle Veranstaltungen statt. Im Park am See kann man zwischen Skulpturen, Monumenten und Pavillons erholsame Nachmittage verbringen.

ℹ Tourist Information ➡ D12
Pils iela 25 A, 4301 Alūksne (im Gebäude des Bibelmuseums)
✆ 25 44 23 35
www.aluksne.lv
Mo–Fr 9–17, Sa 10–15 Uhr

🏛 Ernst-Glück-Bibelmuseum/ Ernsta Glika Bībeles muzejs
➡ D12
Pils iela 25 A, Alūksne
✆ 25 62 75 89
Di–Sa 10–17 Uhr, Eintritt € 1,50/0,75
In einem kleinen beschaulichen Häuschen neben der evangelischlutherischen Kirche befindet sich das Ernst-Glück-Bibelmuseum, benannt nach einem deutschen Pfarrer, der hier im 17. Jh. lebte. Der Schüler Martin Luthers hatte mit der ersten lettischen Bibelübersetzung einen großen Anteil an der Aufklärung der Bauern im Baltikum. Das Museum zeigt über 220 Bibelausgaben in verschiedenen Sprachen, Predigten und Lehrbücher mit Kirchenliedern.

Erbaut im neugotischen Stil: das Neue Schloss in Alūksne

Das Land der Letten und Liven

Laut lettischer Verfassung ist Lettland das Land der Letten und Liven. Die Liven wurden erstmal im 12. Jahrhundert in der Nestorchronik erwähnt, der ältesten erhaltenen ostslawischen Chronik. Um die 20 000 Liven siedelten damals im Mündungsgebiet der Düna und an der Westküste des Rigaer Meerbusens.

Im Spätmittelalter umfasste Livland das gesamte Territorium des Schwertbrüderordens, der zur Missionierung der Liven 1202 von Albert I. von Riga gegründet wurde. Der Orden löste sich bereits 1237 nach einer schweren Niederlage gegen die Litauer auf und ging im Deutschen Orden auf. Seine Blütezeit erlebte Livland zwischen dem 12. und 16. Jahrhundert. Esten, Liven und lettische Stämme siedelten in dem Gebiet, der deutschbaltische Adel prägte die Region nachhaltig.

Heute sind die Liven ein nahezu ausgestorbenes Volk, 2006 waren noch 14 livische Siedlungen und Dörfer erfasst. Nur 170 Liven, die meist an der Küste Nordkurlands leben, werden in ihrem Pass noch explizit als Liven bezeichnet. Insgesamt schätzt man ihre Zahl aber auf etwa 1000. Da die livische Sprache längst ausgestorben ist, sprechen sie heute Lettisch.

Evangelisch-lutherische Kirche/Alūksnes ev. luteriskā baznīca ➡ D12

Pils iela 25, Alūksne

☎ 616 61 78

Eintritt frei, Spenden willkommen
Der Gutshofbesitzer Otto Hermann von Vietinghoff ließ die Kirche 1781–88 im klassizistischen Stil erbauen. Auf den 55,5 m hohen Turm führt eine Eichenholztreppe, die der Baron wegen der wundervollen Aussicht auf die Umgebung bauen ließ. Im Inneren der Kirche sind eine Gemäldeausstellung und eine Kopie der Originalbibelübersetzung von Ernst Glück zu bewundern.

Neues Schloss/ Alūksnes Jaunā pils ➡ D12

Pils iela 74, Alūksne

☎ 64 38 13 21

www.aluksnespils.lv

Di–Sa 10–17, Do bis 18, So 10–14 Uhr, Eintritt € 6/4,50
Das 1859–63 errichtete Schloss ist ein sehenswertes Baudenkmal im neugotischen Stil. Links unter dem Turm befindet sich das Wappen der ehemaligen Schlossherren. 1918 siedelte der letzte der Vietinghoffs nach Deutschland um und nahm die Kunstwerke und einen Großteil der Einrichtung mit.

Heute beherbergt das Neue Schloss, das zwar etwas sanierungsbedürftig, aber immer noch glanzvoll ist, das Museum für Kulturerbe, ein Kinder- und Jugendzentrum und die Tourist Information der Region.

Die evangelische-lutherische Kirche in Alūksne

Der See von Alūksne eignet sich auch im Herbst für eine Ruderpartie

Alūksne-See ➡ D12

Der Alūksne-See (Alūksne ezers) ist der elftgrößte See Lettlands. Er hat vier malerische Inseln: Pilssala (Burginsel) bzw. Maijas sala (Marieninsel), Tīklu (Netzinsel), Garā (Lange Insel) und Cepurīte (Kleiner Hut). Auf der größten, der Pilssala, von der Stadt aus heute über eine Holzbrücke zu erreichen, wurde 1342 die Livländische **Ordensburg** (Alūksnes pilsdrupas) errichtet. Der erste Komtur, Arnold von Vietinghoff, veranlasste daraufhin die Ansiedlung von Einheimischen rund um den See.

Der Alūksne-See ist als Erholungsgebiet sehr beliebt. Zwölf Fischarten tummeln sich in seinen Gewässern. Wassersportler finden hier gute Bedingungen, 2008 fand auf dem Alūksne-See sogar ein internationales Motorbootrennen statt. Der Friedhof von Alūksne befindet sich auf einer 800 Meter langen Halbinsel, die in den See ragt.

🔅🌿🎵 Burgruine des Livländischen Ordens/ Alūksnes pilsdrupas ➡ D12

Pilssala, Alūksne

✆ 64 32 28 04, www.aluksne.lv

Einer Legende zufolge verdankt die auch als Marieninsel bekannte Pilssala ihren Namen einem Mädchen namens Marija, die in die Burgmauer eingemauert wurde. Wahrscheinlich leitet sich der Name jedoch schlicht von der 1342 zu Mariä Verkündigung eingeweihten Marienburg ab. Im Laufe der Jahrhunderte wurde die Burg der Ordensritter von Schweden, Russen und Polen erobert. Der Nordische Krieg besiegelte schließlich ihr Schicksal: Beim Einmarsch der Russen im August 1702 sprengten die Schweden die Burg kurzerhand, um sie nicht an den Feind zu verlieren. Die Ruine beherbergt heute eine Freilichtbühne mit 3000 Sitzplätzen.

Ausflugsziel:

🔅🏰 Schloss Cesvaine ➡ F11

Cesvaines novads, Pils iela 1

Cesvaine

✆ 64 85 22 25

www.cesvaine.lv

Mai–Okt. Di–Fr 9–18, Sa 10–17, So 10–15, Nov.–April Di–Fr 9–17, Sa 10–15 Uhr, Eintritt € 2

Das in der Zeit von 1890 bis 1897 erbaute Schloss ist ein eklektizistisches Kleinod. Im Schlosspark gibt es etwa 70 verschiedene Sträucher und Bäume. Die Schlossbesichtigung mit Aufstieg zum Turm (117 Stufen) und der Abstieg zum Kellerlabyrinth sind möglich.

🔵 Cēsis ➡ E9

Das Städtchen im Gauja-Nationalpark (vgl. S. 48) ist mit seinen etwa 16 500 Einwohnern eine der lettischsten Städte des Landes. Begünstigt durch seine Lage am Ufer der Gauja, über die die Handelsroute Riga–Tartu–St.Petersburg führte, entwickelte sich Cēsis schnell zu einer florierenden Handels- und im 14. Jahrhundert zur Hansestadt. Die deutschen Schwertbrüder eroberten Cēsis im Jahr 1209 und errichteten eine Ordensfestung. Iwan der Schreck-

*Als die Burg von Cēsis von Iwan dem Schrecklichen 1577 belagert wurde,
sprengte sich die Besatzung mitsamt dem Gebäude in die Luft*

liche wollte den livländischen Or-
densstaat in seiner Nachbarschaft
vernichten und belagerte 1577 die
mittelalterliche Burg von Cēsis. Es
wird erzählt, dass die Verteidiger
sich und die Burg lieber selbst in
die Luft sprengten, als in seine
Hände zu fallen.

Noch heute vermittelt Cēsis mit
seinen engen Gassen und Straßen
und den vielen unter Denkmal-
schutz stehenden Häusern einen
Hauch von Mittelalter. Von den
Gassen gelangt man in ruhige,
idyllische Hinterhöfe, umgeben
von zweistöckigen Häusern mit
roten Giebeldächern. Die Rigaer
Straße, Hauptstraße von Cēsis,
schmückt sich mit wunderschönen, aus dem 13. Jahrhundert
stammenden Häusern und weiteren architektonisch beachtens-
werten Gebäuden. Dazu gehören
das Rathaus (Domes nams), die
Nr. 7, das Kaufmannshaus (Tirgotāja
nams), Nr. 16, und das Haus der Har-
monie (Harmonijas nams), Nr. 24.

In der Lenču iela 9/10 steht
zwischen Schloss- und Maipark
ein typisches Beispiel früher In-
dustriearchitektur: Von dem Gebäude des alten Brauhauses aus
dem Jahr 1878 sind zwar nur die
Außenmauern erhalten, doch auf
dem Turm weht noch immer eine
Wetterfahne – anhand von Wind-
stärke und -richtung wurden die

günstigsten Tage für die Malz-
trocknung ermittelt.

In wenigen Minuten gelangt
man von hier durch den Schlosspark zur Torņa iela, wo eine 2005
enthüllte Skulptur des Bildhauers
Matiass Jansons den Sieg über das
dunkle Mittelalter in Cēsis symbolisiert. Offiziell heißt das Denkmal
Gadsimtiem ejot (Der Lauf der Jahrhunderte), doch die Bürger gaben
ihm den Namen »Zeitenmann«;
laut Volksglauben muss man seine
Laterne reiben, um in die eigene
Zukunft sehen zu können.

Besonders stolz ist die Stadt auf
den Poeten Eduard Veidenbaum.
Der in Cēsis geborene Dichter gilt
als Wegbereiter der Literatur des
Nationalen Erwachens. Die auf
dem Turm des **Neuen Schlosses**
wehende Fahne erinnert daran,
dass Cēsis die Heimat der Nationalflagge Lettlands ist.

Der »Zeitenmann« in Cēsis

Ausgedient: Die Leninstatue wurde vom Hauptplatz von Cēsis in einen Bretterverschlag der Ordensburg gebracht

ℹ️ **Tourist Information** ➡️ E9
Baznicas laukums 1, 4100 Cēsis
☎️ 64121815
www.tourism.cesis.lv
Mai–Sept. tägl. 10–17 Uhr
Das kleine Einzelgebäude am Ende von Stall und Remise war seit der zweiten Hälfte des 19. Jh. das Wohnhaus für den Kutscher. Heute beherbergt es die Tourist Information, die über Sehenswürdigkeiten, Übernachtungsangebote und Veranstaltungen informiert, Landkarten verkauft und auch Hotelzimmer und Führungen vermittelt.

🏛️🖼️🐾 **Ausstellungshaus/**
Cēsu Izstāžu nams ➡️ E9
Pils laukums 3, Cēsis
☎️ 64 12 35 57
www.cesupils.lv
Tägl. außer Mo 10–18 Uhr
Eintritt € 1,50/1
Im ehemaligen Pferdestall mit Remise (1781) finden wechselnde

Ausstellungen sowie Musik- und Kunstevents statt.

🏛️👁️🌳🏞️ **Neues Schloss/**
Jaunā pils ➡️ E9
Pils laukums 9, Cēsis
☎️ 64 12 18 15, www.cesupils.lv
Tägl. außer Mo 10–18 Uhr
Eintritt € 3/1,50, Führung € 6
Das Ende des 18. Jh. erbaute Schloss beherbergt seit 1949 das Museum für Geschichte und Kunst. Bemerkenswert ist das Rosenmotiv an den Wänden des Großen Salons. Vom Turm hat man einen herrlichen Blick auf die Stadt.

🏛️ **Weltletten Kunstzentrum/**
Seno rotu kalve ➡️ E9
Lielā Skolas iela 6, Cēsis
☎️ 25 42 76 55
www.latviandiasporaart.org
Mi–So 11–17 Uhr, Eintritt € 1,50
Das globale Zentrum für lettische Kunst (PLMC) widmet sich den Werken lettischer Künstler in der Diaspora.

👁️🎵 **Johanniskirche/**
Sv. Jāņa baznīca ➡️ E9
Lielā Skolas iela 8, Cēsis
☎️ 64 12 15 49
Eintritt frei, Spende willkommen
Die Kirche zeugt von Reichtum und Selbstbewusstseins der Bürger von Cēsis. Sie wurde Ende des 13. Jh. in der zu dieser Zeit blühenden Stadt als größte Kirche Nordlivlands erbaut und

Die lettische Nationalflagge

Obwohl erst 1922 offiziell eingeführt, wurde das rot-weiß-rote Tuch bereits im Jahr 1270 erstmalig als Flagge Lettlands gehisst und ist somit eine der ältesten Nationalfahnen Europas. In der Sowjetzeit (1940–90) verboten, ist sie seit dem 27. Februar 1990 wieder die Nationalflagge Lettlands. Die rote Farbe steht für den Willen Lettlands, seine Freiheit zu verteidigen, und symbolisiert das Blut, das einst ein lettischer König im Kampf gegen feindliche Eindringlinge verlor. Weiß symbolisiert das Laken, auf das sich der verwundete König zum Sterben legte. Das Blut färbte es links und rechts seines Körpers tiefrot – nur das Banner blieb weiß.

diente dem Livländischen Orden als Domkirche; hier wurden Ordensmeister, Geistliche und Ritter beigesetzt. Die Orgel ist eine der besten Konzertorgeln des Landes.

⦿ Mittelalterliche Burg/
Cēsu viduslaiku pils ⮕ E9
Pils laukums 9, Cēsis
☏ 64 12 18 15, www.cesupils.lv
Mai–Sept. tägl. 10–18, Okt.–April Di–Sa 10–17, So 10–16 Uhr
Eintritt € 6, Führung auf Deutsch ab € 35, Führungen über die Tourist Information
Der Bau wurde 1209 begonnen und zog sich über 30 Jahre hin. Jahrhundertelang war die Burg Sitz des Livländischen Deutschordensmeisters. In den Kriegen des 16. und 17. Jh. wurde die Burg stark in Mitleidenschaft gezogen und im Nordischen Krieg so massiv beschädigt, dass sie nicht wieder aufgebaut wurde. Dennoch gehört die Ruine heute zu den besterhaltenen in Lettland.

♣ ⦿ ⼤ Maipark/Maija parks
⮕ E9
Cēsis
Der Park mit Teich, Grünanlagen und Terrassen wurde im 19. Jh.

Ende des 18. Jahrhunderts kamen die ersten Kurgäste nach Jūrmala

angelegt, als es en vogue war, romantische Burgruinen in die Landschaft zu integrieren. Nebenan gibt es einen Kinderspielplatz und einen Skaterpark. Aus Anlass der 800-Jahr-Feier von Cēsis im Jahr 2006 wurde der Park runderneuert und umgestaltet, hinzu kam etwa die Skulptur »Der Kampf mit dem Zentauren«.

Jūrmala ⮕ F6
Jūrmala, die Stadt »auf der Welle«, ist der größte Kurort und das exklusivste Ostseebad des ganzen Baltikums. Nur 25 Kilometer von Riga entfernt, ist Jūrmala mit öffentlichen Verkehrsmitteln aus der Hauptstadt bestens zu erreichen.

Hölzerne Bäderarchitektur und feinsandiger weißer Strand: Jūrmala

Historisch betrachtet besteht Jūrmala aus 15 Orten, die 1959 zu einem Kurort vereint wurden. Alle zusammen haben eine Strandlänge von 33 Kilometern und erstrecken sich zwischen Kemeri und der Lielupe-Mündung. Der **Strand** wird gesäumt von Kiefernwäldern und Dünen mit feinem weißem Quarzsand. Das Wasser ist flach und erreicht im Sommer eine Temperatur von etwa 19 Grad. Über dem Strand des Seebades weht die Blaue Flagge für gute Wasserqualität. Zudem hat die Weltgesundheitsorganisation Jūrmala den Status »Gesunde Stadt« verliehen und im Vergleich zur Ostseeküste in Deutschland sind die Strände lange nicht so voll.

Einst gehörte die Halbinsel dem deutschbaltischen Baron Wilhelm von Fircks (1870–1933), der hier einen Majoratshof besaß. Das Zentrum Jūrmalas heißt noch heute Majori. *Majorat* (lat.) ist eine Erbfolgeordnung, nach der der älteste Sohn das Vorzugsrecht auf das Erbgut hat.

Die Jomas iela, die Flaniermeile in Jūrmala

Das milde Meeresklima mit seiner gesunden Luft hat Jūrmala zu einem beliebten Erholungsort gemacht, die gepflegten Strände und vielen Strandcafés lassen keine Wünsche offen. Die vielen Freizeitmöglichkeiten wie Strandfußball, -volleyball, Kite- und Windsurfen, Billard und Bowling, Tennisplätze und Fitnessclubs sowie moderne Spa-Hotels und anspruchsvolle Gastronomie ziehen Jahr für Jahr mehr Touristen an, Deutsche machen mit etwa acht Prozent dabei noch einen geringen Anteil aus.

Auffällig im Stadtbild sind die vielen einzigartigen Villen und die farbigen Holzhäuser mit filigranen Schnitzereien und Türmchen, die vom beeindruckenden Turm einer Jugendstilkirche dominiert werden. Mit ihren historischen Holzbauten ist die Jomas iela als Flaniermeile bei Einheimischen und Touristen beliebt. Weiterer Anziehungspunkt ist der Horn'sche Garten, in dem 1870 das erste Hotel Majoris gebaut wurde und in dem bedeutende Konzerte stattfinden.

Seit auch wohlhabende Russen das Ostseebad für sich entdeckt haben, sind die Preise für den Quadratmeter Wohnraum auf bis zu 6000 Euro explodiert. Es gilt jedoch ein strenger Denkmal- und Naturschutz. So dürfen weder historische Häuser abgerissen noch Bäume gefällt werden. Insgesamt sind etwa 4000 Holzhäuser registriert. Und muss wegen maroder Substanz eines tatsächlich abgerissen werden, wird es nach den alten Plänen originalgetreu wieder aufgebaut.

ℹ **Tourist Information** ➡ F6
Lienes iela 5
2015 Jūrmala
✆ 67 14 79 00
www.jurmala.lv
Mo–Fr 9–19, Sa 10–17, So 10–15 Uhr
Ausführliche Infos und Tipps.

Im Freilichtmuseum Jūrmala kann man den Alltag der lettischen Fischer aus dem 19. Jahrhundert nacherleben

Freilichtmuseum Jūrmala/ Jūrmalas brīvdabas muzejs ➡ F6

Tiklu iela 1 A, Lielupe, Jūrmala
℃ 67 75 49 09
www.jbmuzejs.lv
Tägl. außer Mo 10–18, Mitte Sept.–Mitte Mai bis 17 Uhr
Eintritt frei
Auf einem einstigen Fischerhof aus dem 19. Jh. sind aus verschiedenen Fischerdörfern Jūrmalas zusammengetragene Wohnhäuser, Kornspeicher, Schuppen, Werkstätten, Räucherhäuser und ein Dampfbad zu besichtigen. Bei rechtzeitiger Anmeldung werden Führungen sowie eine Mahlzeit mit geräuchertem Fisch und lettischem Bier organisiert. Gäste können Seile drehen und Knoten binden.

Kunstgalerie »Inneres Licht«/ Māksalas galerija glezu teātris »Inner light« ➡ F6

Omnibusa iela 19, Jūrmala
℃ 22 32 77 41
www.jurmala.lv
Tägl. 11–17 Uhr, Eintritt € 5/1
Interessante Ausstellung von Floureszenzmalerei: Bei besonderer Beleuchtung offenbart sich dem Betrachter eine scheinbar versteckte Version des Bildes. Besucher können auch eigene Bilder gestalten oder eine Kunsttherapie machen.

Stadtmuseum Jūrmala/ Jūrmalas pīlsetas muzejs ➡ F6

Tirgoņu iela 29, Jūrmala
℃ 67 76 47 46
www.jurmala.lv
Mi–So 10–17 Uhr
Eintritt frei
Das Museum präsentiert die Geschichte des Kurorts von Ende des 19. Jh. bis zur Gegenwart. Die Ausstellung »Mode im Kurort« zeigt Bikinis, Accessoires, Foto- und Modezeitschriften, die Einblick in das Leben hier geben. Vom Schicksal lettischer Schiffe, Kriegsschiffe und U-Boote erzählt die Ausstellung »Schiffe in der Tiefe«.

Konzertsaal Dzintari/ Dzintaru koncertzāle ➡ F6

Turaidas iela 1
Dzintari, Jūrmala
℃ 67 76 20 92
Tickets: ℃ 67 76 20 05
www.dzintarukoncertzale.lv
Kasse tägl. 10–12 und 12.30–17 Uhr
Beliebter Konzertsaal in einem Anfang des 20. Jh. errichteten Holzbaudenkmal, seit 1960 gibt es neben dem Gebäude eine Freilichtbühne.

Naturpark Ragakāpa (dt. Horndüne) ➡ F6

Tiklu iela 1 A, Lielupe, Jūrmala
℃ 47 75 49 09

Der Konzertsaal Dzintari in Jūrmala: Neben dem überdachten Gebäude gibt es für Konzerte im Sommer auch eine Freilichtbühne

Der Park befindet sich neben dem Freilichtmuseum
Hier gibt es über 300 Jahre alte Kiefern, seltene Pflanzen- und verschiedene Vogelarten. Ragakāpa ist die längste Düne Lettlands mit einem 800 m langen und 100 m breiten Dünenwall. Der Naturlehrpfad besteht aus einem Pflanzen-, Kiefern-, Insekten- und Landschaftspfad.

Aquapark Livu ➡ F6

Viestura iela 24, Lielupe Jūrmala
✆ 67 75 56 40, www.akvaparks.lv
Mo–Fr 12–22, Sa 11–22, So 11–21 Uhr, im Herbst und Frühling Mo und Di geschl., Eintritt Tageskarte € 28,90/20, 4 Std. € 25,90/18,90, 2 Std. € 22,50/17
Der Aquapark ist der größte seiner Art im Norden Europas. Fünf Wasserrutschen (2–112 m), Sprudelbäder, eine Wasser-Bar, Außenbecken, Solarium, Massage, Sauna sowie Restaurant und Bistro gehören zum abwechslungsreichen Angebot für die Gäste. Im Winter können sich die Gäste auf einer Eislaufbahn vergnügen.

Koknese ➡ G9

Die 1209 von Bischof Albert errichtete Mauerburg Koknese wurde während des Nordischen Krieges 1701 gesprengt und blieb nur als Ruine weiter bestehen. Diese thronte auf dem Berg an der Mündung von der Perse in die Daugava. Seit dem Bau des Wasserkraftwerks im Jahr 1966 wird ihr Fundament von beiden Flüssen umspült. Die Burgruine ist dennoch eine wunderbare Kulisse für Konzerte, Theateraufführungen und mittelalterliche Trauungszeremonien.

Mazsalaca ➡ C8

Mazsalaca (dt. Salisburg) liegt am rechten Ufer der Salaca. Bereits im Jahr 1224 siedelten hier Deutsche. Seit dem Spätmittelalter gab es das Gut Salisburg. Zu einem dicht besiedelten Ort wurde Mazsalaca, als der Besitzer des Waltenberger Landguts 1864 die erste Brücke über die Salaca errichten ließ und den Bauern der Umgebung die ersten 42 Baugrundstücke vermietete. Das **Museum im Haus Dzimtkoku** widmet sich den Familiengeschichten.

1918 hatte Mazsalaca etwa 1100 Einwohner und erhielt zehn Jahre später Stadtrecht. 1935 gab es 186 Häuser, davon drei gemauerte und 183 aus Holz, sowie einige öffentliche Gebäude. Heute hat Mazsalaca knapp 1500 Einwohner. Der wichtigste Arbeitgeber ist ein forstwirtschaftliches Unternehmen.

ℹ️ Tourist Information ➡ C8

Rūjienas iela 1, 4215 Mazsalaca
☎ 28 37 47 74, www.mazsalaca.lv

🏛 Museum im Haus Dzimtkoku/ Dzimtkoku māja ➡ C8

Rīgas iela 10, Mazsalaca
☎ 26 51 91 65
Mo–Fr 10–16 Uhr
Eintritt € 0,70, Führungen für Gruppen bis 25 Personen € 4
Die Ausstellung im Haus Dzimtkoku (»Familienbaum«) widmet sich den Familiengeschichten des Orts und der Umgebung, die wesentlichen Anteil an der Entwicklung von Kultur, Wirtschaft und Kunst hatten. Zudem sind eine Skulpturensammlung und viele kleine Teufelsfiguren zu sehen.

🏞🏕 Naturpark Skaņākalna/ Skaņākalna dabas parks ➡ C8

Parka iela 36, Mazsalaca
☎ 26 42 95 00
Mai–Okt. tägl. 10–18 Uhr
Eintritt € 2/1
Der malerische Naturpark liegt am rechten Ufer der Salaca und erstreckt sich über 3 km von Mazsalaca flussaufwärts. Man erreicht ihn zu Fuß, wenn man auf der Parka iela aus der Stadt hinaus Richtung Westen geht. Er ist nach einem »Klangberg« (auch »Echowand«) aus rotem Sandstein benannt. An der wohl bekanntesten Stelle des Parks wird das Echo eines Tones derart von der Wand zurückgeworfen, dass man das Gefühl hat, der Ton käme direkt aus der Wand. Wer keine Angst vor bösen Geistern hat, kann die 14 m lange Teufelshöhle besichtigen. Weiterhin gibt es eine klare Felsquelle, kleine Naturwunder wie die Werwolf-Kiefer, die Engelshöhle, die Teufelskanzel, die Roten Klippen, den Skaņais-Berg und die Nelkenklippe. Rast- und Picknick-Plätze sowie eine Badestelle laden zum Verweilen ein.

⑥ Sigulda ➡ E8

Das malerische Städtchen liegt am Ostufer der Gauja und ist das touristische Zentrum des **Gauja-Nationalparks**. Der Park wird jährlich von etwa 1,5 Millionen Touristen besucht. Obgleich Sigulda bereits seit 1207 bekannt ist, hat der Ort mit seinen circa 11 000 Einwohnern erst seit 1928 Stadtrecht. Wegen seiner vielen Hügel wird Sigulda auch die »Schweiz von Vidzeme« bezeichnet.

Archäologische Funde belegen, dass schon vor unserer Zeitrechnung finno-ugrische Stämme

Im grandiosen Gauja-Urstromtal

In Lettland der Vogel des Jahres 2006: der Turmfalke

Anzutreffen im Gauja-National-park: die tagaktive Sperbereule

in der Region lebten. Nach der Eroberung durch die Kreuzritter wurde im 13. Jahrhundert am Gauja-Ufer eine Ordensfestung errichtet. Im 16. Jahrhundert war die Stadt zunächst von Russland, dann von Schweden und später von Polen besetzt. Großes Leid brachten der Nordische Krieg und die Pest, der über die Hälfte der Bevölkerung zum Opfer fiel. Im Ortsteil **Turaida** lohnt das **Museumsreservat** mit der restaurierten Burg einen Besuch.

i Tourist Information ➜ E8
Ausekļa iela 6
2150 Sigulda
✆ 67 97 13 35
www.tourism.sigulda.lv
Mai–Okt. 9–19, Nov.–April 9–18 Uhr

❼ Gauja-Nationalpark/Gaujas nacionālais parks ➜ D/E8/9
Turaidas iela 2 A, Sigulda
Im Park gibt es mehrere Besucherzentren: an der Gutman's-Höhle, am Zvārtas-Felsen und an den Naturpfaden von Līgatne.
✆ 67 80 03 92
www.gnp.lv
www.entergauja.com
Mai–Okt. Mo–Fr 9–18, Sa/So 9–19 Uhr, Eintritt frei
Der rund 90 000 ha große Nationalpark wurde 1973 als erster Lettlands eröffnet. Naturliebhaber kommen angesichts der großen Naturvielfalt (900 Pflanzenarten, 149 Vogel- und 48 Wildtierarten), der dichten Wälder

und malerischen Flüsse (Gauja, Amata und Brasla) voll auf ihre Kosten. Aktivurlauber finden ebenfalls ein reiches Angebot, z.B. Gauja-Rafting, Fahrrad- und Wandertouren sowie verschiedene Wintersportaktivitäten.

Landgut Krimulda/ Krimuldas Muiža ➜ E8
Mednieku iela 3, Sigulda
✆ 67 97 22 32
www.krimuldaspils.lv
Tägl. 9–17 Uhr, Eintritt € 0,60
Das Landgut entstand um 1848 im Stil des Klassizismus. Fürst Johann Georg Lieven ließ es an historischem Ort als Familiensitz erbauen und einen romantischen Landschaftspark anlegen. Heute können das Haus des Gutsverwalters, das »Schweizerische Haus« und das Kutscherhaus besichtigt werden. Eine Verkostung hausgemachten Weines sollten Sie sich nicht entgehen lassen.

Museumsreservat Turaida/ Turaidas muzejrezervāts ➜ E8
Turaidas iela 10, Sigulda
✆ 67 97 23 76
www.turaida-muzejs.lv
Tägl. Mai–Sept. 9–20, Okt. 9–19, Nov.–März 10–17, April 10–19 Uhr
Eintritt Mai–Okt. € 6/4,30, Nov.–April € 3,50/2,15, Führungen (dt., 1,5–2 Std.) € 35,57, thematische Führungen (dt., 30–40 Min.) € 14,23
Das 43 ha große Museumsreservat Turaida liegt im Gauja-National-park. Die schöne Backsteinburg

Turaida aus dem 13. Jahrhundert ist die größte Attraktion des parkähnlichen Reservats. Mit ihren mächtigen Wehrtürmen thront sie hoch über der Gauja und bietet einen fantastischen Ausblick. Mit ihrem Bau wurde 1214 begonnen, nachdem die deutschen Kreuzritter die livische Burg an gleicher Stelle zerstört hatten. Seit 1976 werden in der Burg Restaurations- und Forschungsarbeiten durchgeführt.

Steinskulptur im Museumspark Turaida

🕴 🎿 Bob- und Rennschlittenbahn/Bobtrase ➡ E8
Šveices iela 13, Sigulda
☏ 67 97 38 13, www.bobtrase.lv
Tägl. 9–20 Uhr
Eintritt (Besichtigung) € 0,60, Fahrt mit dem Bob € 50, Fahrt mit Vučko (Gaudibob) € 10, Fahrt mit »Frosch« € 20
Die 1986 eröffnete Bob- und Rennschlittenbahn ist eine der wenigen ihrer Art, die sowohl von Profisportlern als auch von Touristen genutzt wird, auch internationale Wettkämpfe finden hier statt. Die Bahn hat eine Länge von 1,2 km, 16 Kurven und die erreichbare Höchstgeschwindigkeit liegt bei 125 km/h.

🚠 Seilbahn über die Gauja/Siguldas vagoniņš pār Gaujas ➡ E8
Poruka iela 14, Sigulda
☏ 28 38 33 33, www.bungee.lv
Mai–Okt. tägl. 10–18.30, Nov.–April tägl. außer Mo 10–17 Uhr

Ticket (eine Richtung) € 7/5, hin und zurück € 12/8
Die einzige Seilbahn des Baltikums hat eine Länge von 1600 m und über dem Fluss eine Höhe von 40 m. Der Wagen bringt seine Fahrgäste nach Fahrplan (etwa halbstündlich) über das Tal. Hierbei können Sie die herrliche Aussicht genießen. Wer ganz mutig ist, kann im Sommer einen Bungeesprung aus der Seilbahn wagen.

Ausflugziel:

👁 🏰 Schloss Bīriņi ➡ E8
Limbažu novads
Vidrižu pagasts, Bīriņi
☏ 64 02 40 33, www.birinupils.lv
Eintritt Museum € 4/1,50
Das elegante, 1860 erbaute Schloss im Stil der Neugotik beherbergt heute ein Hotel, ein Restaurant und ein Museum. Es steht auf einem Hügel am gleichnamigen See und kann ebenso wie der angrenzende Park besichtigt werden.

Die mittelalterliche Burg Turaida mit Blick auf das Tal der Gauja

Semgallen/Zemgale

Die schmale Region westlich der Daugava, einst Teil des Herzogtums Kurland und Semgallen (lettisch: Zemgale), wurde schon früh besiedelt. Bis heute haben besonders in der ländlichen Gegend viele ursprüngliche Mythen und Märchen die Zeit überdauert. Das Land ist meist flach und bei Wanderern beliebt, unterwegs stößt man auf Burgruinen, Landgüter und archäologische Ausgrabungen. Größte touristische Anziehungskraft hat das bedeutendste barocke Baudenkmal des Baltikums, Schloss Rūndale bei Bauska.

Der fruchtbare Boden beschert den Weizen- und Rapsfeldern hier im Flachland eine reiche Ernte und sicherte damit über Jahrhunderte den Wohlstand der Region. Neben der Daugava fließen die Flüsse Lielupe, Mūsa und Mēmele durch Semgallen. Letzterer ist wegen seiner malerischen und bizarren Flussufer besonders bei Bootsfahrern beliebt.

Bauska ➡ H7

Die kleine Stadt mit ca. 9000 Einwohnern liegt 70 Kilometer südlich von Riga am Zusammenfluss von Mūsa und Mēmele zur Lielupe. Bauska wurde 1443 vom Deutschen Orden gegründet und erhielt im Jahr 1609 Stadtrecht.

Im Stadtzentrum gibt es noch einige alte Holzhäuser und vom Turm der **Ordensburgruine** von **Schloss Bauska** kann man den schönen Blick auf die Umgebung genießen. Liebhaber alter Musik besuchen im Sommer die Klassikfestivals der umliegenden Schlösser. Bekannt ist Bauska hauptsächlich durch das in seiner Nähe liegende imposante Schloss Rundāle (Rundāles pils, vgl. S. 53).

ℹ **Tourist Information** ➡ H7
Rātslaukums 1, 3901 Bauska
✆ 63 92 37 97
www.tourism.bauska.lv
Mai–Sept. Mo–Fr 9–18, Sa/So 10–16, Okt.–April Mo–Fr 9–17, Sa/So 10–14 Uhr
Die Tourist Information befindet sich im ehemaligen Rathaus der Stadt.

◉ ♫ **Schloss Bauska/ Bauskas pils** ➡ H7
Pilskalns, Bauskas rajons
✆ 63 92 37 93, www.bauskaspils.lv
Mai–Sept. tägl. 9–19, Okt. tägl. 9–18, Nov.–April tägl. außer Mo 11–17 Uhr, Eintritt € 4/2
Wegen Sanierungsarbeiten Einschränkungen möglich

Das Schloss Bauska: Hinter der Anlage befindet sich die Ruine des Livländischen Ordens

Die Rose von Turaida

Im Burgpark kommt man auf dem Weg zur Burg am viel besuchten Grab der Rose von Turaida vorbei. Es gilt als Sinnbild wahrhaftiger Liebe und noch heute legen Frischvermählte hier Blumen nieder.

Eine Legende erzählt, dass der Burgschreiber 1601 auf der Suche nach den Überlebenden einer Schlacht ein Baby in den Armen seiner toten Mutter fand. Er gab ihm den Namen Maja und zog es wie ein eigenes Kind auf. Weil das Mädchen ausgesprochen schön war, wur-

Das Grab der Rose von Turaida: Dahinter steht die alte Linde

de es Rose von Turaida genannt. Als Maja älter wurde, verliebte sie sich in Viktor, den Gärtner des Schlosses von Sigulda, und sie wollten 1620 heiraten. Adam Jakubowsky jedoch, ein polnischer Adliger, lauerte ihr in der Gutmannhöhle auf, wo sie sich sonst mit Viktor traf, und wollte sie zwingen seine Frau zu werden. Maja bot ihm, im Gegenzug dafür, dass er sie gehen ließe, ihr Halstuch an, das seinen Träger unverwundbar machte, und wies ihn an, die Wirkung des Halstuchs an ihr auszuprobieren. Er nahm ein Beil und schlug zu. Maja bezahlte mit dem Leben, hatte aber ihre Ehre gerettet.

Als Viktor am Abend in die Höhle kam, fand er die Leiche seiner Verlobten. Nachdem er selbst zunächst unter Mordverdacht stand, konnte seine Unschuld vor Gericht dank Zeugen bewiesen werden. Er beerdigte Maja bei der Burg und bepflanzte das Grab mit einer Linde. Dann verließ er die Gegend für immer. – Und noch heute rascheln die Zweige der Linde auf dem Grab!

Das Ensemble besteht aus zwei Teilen: der Burgruine des Livländischen Ordens aus dem 15 Jh. und der Residenz des kurländischen Herzogs Kettler von Ende des 16. Jh. Das Schloss ist das einzige Beispiel des Manierismus im Herzogtum Kurland. In den Innenhöfen der aus dem 15./16. Jh. stammenden Burg findet jährlich ein Festival für klassische Musik statt.

Ausflugsziel:

⊙⊡⌂ Schloss Mežotne/
Mežotnes pils ➡ H7
Pils iela 1, Bauskas novads
Mežotnes pagasts, Mežotne
✆ 63 96 07 11
www.mezotnepalace.com

Mo–Do 10–16, Fr, So 10–17, Sa 10–18 Uhr, Eintritt € 7/3,30, Park frei
Das im neoklassizistischen Stil 1798–1902 erbaute Schloss ist ein Geschenk der russischen Kaiserin Katharina II. an Fürstin Charlotte von Lieven, Gouvernante des Thronfolgers Pavel. Rings um das Schloss wurde ein herrlicher englischer Landschaftspark angelegt. Im Schloss selbst befindet sich ein exklusives Hotel mit Seminarräumen und einem Café.

Jēkabpils ➡ H10
Die Kleinstadt Jēkabpils hat ca. 23 000 Einwohner und wird auch gern Hauptstadt der Landschaft Sēlija genannt. Jēkabpils ist noch

Schloss Jelgava wurde nach Entwürfen des Hofarchitekten des russischen Zaren, Rastrelli, erbaut

relativ jung und ging erst im 17. Jahrhundert aus einer Siedlung altgläubiger Russen hervor. In der Altstadt, hauptsächlich in der Brīvības iela, sind noch alte Gebäude wie traditionelle Holzhäuser aus dem 19. Jahrhundert und Backsteingebäude aus der Zeit um 1900 zu sehen. Bedeutende Tochter der Stadt ist Katharina I. (1686–1727), Ehefrau von Zar Peter dem Großen.

Tourist Information ➡ H10
Brīvības iela 140/142
5201 Jēkabpils
✆ 65 23 38 22, www.jekabpils.lv
Tägl. 8.30–17 Uhr, Okt.–April Sa/So geschl.

Jēkabpils Geschichtsmuseum/Jēkabpils vēstures muzejs ➡ H/10
Rigas iela 216 B, Jēkabpils
✆ 65 22 10 42
www.jekabpilsmuzejs.lv
Mai–Okt. Mo–Fr 9–18, Sa/So 10–17, Nov.–April Mo–Fr 9–17, Sa/So 10–16 Uhr, Eintritt € 2/1,50
Das Museum wurde 1920 gegründet und verfügt über 40 000 Exponate zur Geschichte der Stadt und der Region; es zählt zu den ältesten Stadtmuseen Lettlands und befindet sich im Schloss Krustpils

(»Kreuzburg«). Nach dem Zweiten Weltkrieg war hier die Sowjetarmee stationiert.

Jelgava ➡ G6
Die 57 000-Einwohner-Stadt in einer fruchtbaren Ebene am Lielupe-Ufer war bis 1919 Hauptstadt von Kurland und ist noch heute ein wichtiger Eisenbahnknotenpunkt und Markt für Holz und Getreide. Sehenswert sind die Barockkirche der heiligen Anna, der Turm der zerstörten Dreifaltigkeitskirche, die Villa Medema und die Academia Petrina.

Hauptanziehungspunkt ist aber das prächtige **Schloss Jelgava**. Die in zwei Etappen 1738–40 und 1762–72 erbaute Winterresidenz des Herzogs von Kurland, Ernst Johann von Biron, wurde nach Entwürfen des auch für die Eremitage verantwortlichen St. Petersburger Hofarchitekten Bartolomeo Francesco Rastrelli errichtet. Ursprünglich bestand das Schloss aus drei u-förmigen Gebäuden. 1937 baute man anstelle der früheren Pferdeställe ein viertes Gebäude, um damit den Innenhof zu schließen.

Im Zweiten Weltkrieg wurden Jelgava und das Schloss in den erbitteren Kämpfen zwischen Roter Armee und deutscher Wehrmacht, die die Stadt seit 1941 besetzt hielt, fast völlig zerstört. In den Jahren der sozialistischen Sowjetrepublik Lettland wurde das Schloss – allerdings nicht originalgetreu – wieder aufgebaut. Die Lage an der Lielupe und der Blick vom jenseitigen Ufer auf das Schloss sind noch immer einzigartig. Seit 1740 sind im Untergeschoss die Sarkophage der kurländischen Herzöge untergebracht. Neben dem Museumsbetrieb wird das Schloss heute vor allem von der Landwirtschaftlichen Universität genutzt.

ℹ️ Tourist Information ➡ G6

Akadēmijas iela 1, 3001 Jelgava
℅ 63 00 54 47
www.visit.jelgava.lv
Mai–Sept. Mo–Fr 9–22, Sa 10–22, So 10–18, Okt.–April Mo 10–18, Di–Do 10–21, Fr/Sa 10–22, So 11–18 Uhr

🎫🏛 Schloss Jelgava/Jelgavas pils ➡ G6

Liela iela 2, Jelgava
℅ 63 00 56 17, www.jelgavaspils.lv
Mai–Aug. Mo–Fr 9–17, Sa 9–18, So 11–16, Sept.–April Mo–Fr 9–17 Uhr, Führungen auf Deutsch und Englisch
Eintritt € 2/1 (im Winter frei), mit Gruft (Mai–Okt.) € 3/1,50
Auf einer Insel zwischen der Lielupe und deren Nebenarmen

wurde im 18. Jh. das größte Barockschloss des Baltikums nach Plänen von Bartolomeo Francesco Rastrelli, Architekt der russischen Zarin Elisabeth, als Herrschersitz der Herzöge von Kurland und Semgallen erbaut.

Im Zweiten Weltkrieg wurde das Schloss stark zerstört. Seit 1968 gibt es ein Museum mit Ausstellungen zur Geschichte und zur Burg des Livländischen Ordens. Von historischer Bedeutung ist die Gruft der Herzöge von Kurland und Semgallen im Untergeschoss.

Ausflugsziele:

🏛🎫♟❌ ⑧ Schloss Rundāle/Rundāles pils ➡ H7

Pilsrundāle, Bauskas rajons
℅ 63 96 21 97
www.rundale.net
Tägl. Mai–Okt. 10–18, Nov.–April 10–17 Uhr, Park Juni–Sept. bis 19 Uhr, Kasse schließt jeweils eine halbe Stunde vorher
Eintritt kleine Tour € 8/6, große Tour € 10/7, ständige Ausstellung € 4/3, Parkanlage Mai, Okt. € 1,50/1, Juni–Aug. € 4/2, Nov.–April frei
Dieses Zeugnis aristokratischer Architektur, erbaut 1736–67 von Rastrelli, diente dem kurländischen Herzog als Sommerresidenz. Unübersehbar ist die Ähnlichkeit zu den Schlössern in und um St. Petersburg, was nicht verwundert, da dort noch heute viele Sehens-

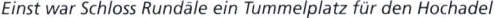

Einst war Schloss Rundāle ein Tummelplatz für den Hochadel

Angelegt im französischem Stil: der Schlosspark Rundāle

würdigkeiten wie das Winterpalais Rastrellis Handschrift tragen.

Die Letten nennen das Schloss »Klein-Versailles«, weil es nach französischem Vorbild mit drei Flügeln, herrschaftlicher Treppe und Galerien angelegt wurde. Zwar hat Rundāle den Zweiten Weltkrieg schadlos überstanden, aber die Nutzung als Kornspeicher in den Nachkriegsjahren hat ihre Spuren hinterlassen. 1972 wurde das Schlossmuseum gegründet. Beeindruckend ist die liebevolle Restaurierung der 138 Räume, zumeist im Stil des Rokoko. In Filzschuhen kann man mit oder ohne Führung die Empfangsräume erkunden. Besonders eindrucksvoll ist der Goldene Saal.

Wer sich einen ganzen Tag Zeit für Rundāle nimmt, kann den herrlich angelegten Schlosspark erkunden, im Restaurant die internationale Küche probieren und sich auch die Ausstellung zur Schlossgeschichte und zur Familie Biron ansehen. Es sind Kunstwerke europäischer und östlicher Kunst aus vier Jahrhunderten sowie Gewänder aus dem 17. und 18. Jahrhundert ausgestellt.

 Burg Neuenburg/ Jaunpils pils ➡ F2
Jaunpils novads, Zaunpils
✆ 63 10 70 82, www.jaunpils.lv

Tägl. 10–20 Uhr
Eintritt Museum € 1, Schloss nur mit Führung € 5
Jaunpils (Neuenburg) ist eine archaische Ritterburg, die 1301 als Festung des Livländischen Ordens errichtet wurde. Sie ist an drei Seiten von einem Mühlteich umgeben und strahlt noch heute eine mittelalterliche Aura aus. Im Speisesaal der Ritter, dem ältesten Teil der Burg, kann bei Kerzenschein und altertümlicher Musik rustikal mit Holzlöffeln und Fingern gespeist werden.

Tērvete ➡ H5
Tērvete (dt. Hofzumberg) war zu Beginn des 13. Jahrhunderts Hauptstadt des semgallischen Königreichs. Wegen der ständigen Bedrohung durch den Deutschen Orden zog sich König Nameisis nach Litauen zurück und der Ort verlor weitgehend an Bedeutung.

Heute leben hier weniger als 4000 Einwohner. Die Kolchose, die es noch zu Sowjetzeiten gab, ist privatisiert und betreibt Pflanzenanbau, Pferdezucht und sogar eine Brauerei. Die bekannte lettische Kinderbuchautorin und Schriftstellerin **Anna Brīgadere** (1861–1933) lebte und arbeitete in einer Mühle in Tērvete, in der es heute das kleine **Museum »Sprīdīši«** gibt.

ℹ️ Tourist Information ➡ H5

Pagasta ēka, 3730 Tērvete (im Gebäude des Informations- und Bildungszentrums des Tērvete Naturparks)

✆ 63 72 62 12

www.tervetesnov.lv

Mai–Okt. Mo–Fr 9–17, Sa/So 11–19, Nov.–April Mo–Fr 9–17 Uhr

🏛 Anna Brīgadere Museum/ Rakstnieces Annas Brīgaderes memoriālais muzejs »Sprīdīši« ➡ H5

»Sprīdīši«, Tērvetes pagasts Tērvete

✆ 26 53 26 91, www.spridisi.lv

Sommer Mo–Fr 10–17 Uhr

Eintritt € 2,50/2

Das Gebäude aus dem Jahr 1840 war Tērvetes erste Wassermühle, später war es eine Schule und dann Arbeitsort von Anna Brīgadere. Heute gibt ein kleines Museum Einblick in das Schaffen der Schriftstellerin, der Name dieses Ortes geht zurück auf das wohl bekannteste Theaterstück Anna Brigaderes: »Sprīdīši«. Es ist die Geschichte eines lettischen Bauernjungen, der sich aufmacht, die Welt zu erkunden und im nahe gelegenen Wald unglaubliche Abenteuer erlebt.

🏕🚻🍦📷🚂🎭👤🚲⛷ Naturpark Tērvete/Tērvete dabas parks ➡ H5

Tērvetes sils, Tērvete

✆ 63 72 62 12

www.tervetesnovads.lv

Tägl. 9–19 Uhr, Eintritt € 5,50/4, Familienticket € 14

Der Naturpark, eine der meistbesuchten touristischen Attraktionen Lettlands, ist ein besonderer Spaß für Kinder: Mehr als 100 Holzskulpturen im Urstromtal des Flusses stellen bekannte Figuren aus den Kinderbüchern der lettischen Schriftstellerin Anna Brīgadere dar. Zudem gibt es lebendige Märchenfiguren wie die kleine Heidenhexe, eine Prinzessin, den Geizhals und die Heinzelmännchen. Wer bei so vielen Erlebnissen schlapp macht, kann mit der Märchenbahn fahren.

Beeindruckende 300 Jahre alte Bäume, verzweigte Bachläufe, ein hoher und imposanter Aussichtsturm aus Holz, der Handwerkermarkt am zweiten Sonntag im August und das Semgallen-Fest sind Highlights für die ganze Familie. Wer aktive Erholung sucht, kann angeln, auf dem Gulbju-See Boot fahren, eine Radtour unternehmen oder sich auf das Abenteuer MammaDaba (einen Orientierungssport) einlassen.

Ausflugsziel:

🏰 Gutshof Zaļenieki (»Grünhof«)/Zaļā (Zaļenieku) muiža ➡ H5

Zaļenieku pastasts, Zaļenieki

✆ 63 07 42 50, www.zav.lv

Mo–Fr 9–16 Uhr

Eintritt frei, Spenden willkommen

Zaļenieki, nordöstlich von Tērvete gelegen, ist einer der ältesten Ordenslehen Semgallens. Zwischen 1768 und 1775 wurde auf dem Gutshof ein Schlossgebäude im Stil des Spätbarocks errichtet. An der Fassade wurde bis heute nichts verändert, weder am Putz noch am Dekor. Auch im Inneren ist viel vom Interieur des 18. Jh. erhalten geblieben. Der Gutshof beherbergt gegenwärtig eine Berufsschule.

Der Naturpark Tērvete: Hier begegnet Groß und Klein allerlei Fabelwesen

Kurland/Kurzeme

Kurland (lettisch: Kurzeme) war über Jahrhunderte umkämpftes Durchzugsgebiet wechselnder Machthaber. Unter großen Verlusten leisteten Letten und eingeschlossene Wehrmachtverbände der Roten Armee im Zweiten Weltkrieg in sechs »Kurlandschlachten« Widerstand; alle anderen baltischen Staaten waren längst von dieser zurückerobert worden.

Die dünn besiedelte, meist flache Region im Westen Lettlands erstreckt sich entlang der Ostseeküste und dem Rigaischen Meerbusen. Das Land der kleinen Minderheit der Liven ist eher ländlich geprägt; Stadt- und Nachtleben gibt es hauptsächlich in Liepāja, der größten Stadt Kurlands. Den Charme der Region machen zahlreiche unberührte Sandstrände, die 300 Kilometer lange Küste, historisch interessante Städte wie Liepāja und Kuldiga, die schön restaurierte Altstadt von Ventspils, Mischwälder, Seen und Moorlandschaften aus. Natur-,

Rad-, Wander- und Badeurlauber haben Kurland längst für sich entdeckt.

Der Name Kurland leitet sich vom baltischen Stamm der Kuren ab, der bereits vor dem Eindringen des Deutschen Ordens im 13. Jahrhundert in der Region angesiedelt war.

Abava-Urstromtal ➡ E4/F3–5

Die Abava (dt. Abau) entspringt im Sumpfgebiet nahe Lestene, fließt in einem begradigten Flussbett Richtung Norden und verläuft bis zur Einmündung in die Venta durch das gewundene Flussbett.

Das Urstromtal entstand durch das Schmelzwasser von Gletschern. Es liegt im Dreieck zwischen Talsi, Tukums und Kuldīga und schuf faszinierende Reliefs, steile Ufer, Höhlen, Stromschnellen und Sandsteinfelsen. Begräbnis- und Kultstätten, die »Teufelshöhle«, mittelalterliche Burgen und vor allem die einzigartige Landschaft, die als **Naturpark** geschützt ist, machen es zu einem lohnenden

Die Abava schlängelt sich durch das Flussbett bis in die Venta hinein

Ziel. Entlang des Flusses kann man wandern und Kanu fahren. Unweit des kleinen Ortes Sabile sorgen Stromschnellen, »Abavas Rumba« genannt, für ordentlich Adrenalin bei Wassersportlern.

ℹ Tourist Information ➡ F4
Üdens iela 2
3120 Kandava
✆ 63 18 11 50, 28 35 65 20
www.visitkandava.lv
www.draugiem.lv/kandavastic
Mo–Fr 10–18, Sa 9–16, Mai–Sept. auch So 10–14 Uhr

⛺🚻✕🏠 Naturpark des Abava-Urstromtals/Abavas senleja
➡ F3–E4
Bester Ausgangspunkt ist der Ort Kandava. Von hier aus ist die Route etwa 34 km lang
✆ 28 39 68 30
www.senleja.lv
Beste Reisezeit: Mai–Anfang Sept.
Eintritt frei
Auf etwa 15 000 ha trumpft der Naturpark mit ausgeprägten Flusstälern und Wiesenlandschaften, den Kammern von Māra, den Wasserfällen von Īvande, der Teufelshöhle, dem Teufelsstein sowie den Stromschnellen von Abava. Die Landschaft, die das Tal umgibt, wird auch »Kurländische Schweiz« genannt und erstreckt sich von Kandava bis zur Einmündung der Abava in die Venta.

Der Flusslauf der Abava ist 124 km lang und führt bis auf wenige Stromschnellen gleichmäßig und an üppigen grünen Wäldern, bizarren Felsen, kleinen Städtchen, winzigen Dörfern vorbei und durch wunderschöne Auen hindurch. Wasserwanderer aller Bootstypen fühlen sich hier wohl. Das Urstromtal mit seinen Klippen und Felsen ist 30–40 m tief, etwa 300 m breit und seine biologische Vielfalt mit Biotopen und über 800 Pflanzenarten zieht auch viele Wissenschaftler und Biologen an.

»Juras Panemtiem«: Denkmal für Ertrunkene am Kap Kolka

Wanderer können im Abava-Naturpark auf neun Lagerplätzen eine Pause einlegen. Der Höhenunterschied beträgt etwa 17 m. Am Unterlauf des Flusses gibt es in unbewohntem Gebiet keine Straßen. Im Ferienzentrum Plosti (www.plosti.lv) kann man eine geführte Tour, Kanus oder einen Campingplatz buchen.

Kap Kolka/Kolkasrags ➡ C4

Am Kap Kolka treffen Ostsee und der Golf von Riga aufeinander. Es ist die zweite Heimat der Liven, der lettischen Urbevölkerung, und der nördlichste Punkt Kurlands; das Meer ist allgegenwärtig und ungestüm.

Das Kap wird erstmals im Jahr 1000 auf dem Runenstein von Mervalla schriftlich erwähnt. Im Sommer findet man – je nach Wind – warmes Wasser entweder in der Ostsee oder im Golf von Riga. Doch Vorsicht: Am Kap zu schwimmen ist extrem gefährlich, da die starke, aufeinanderprallende Strömung unvorhersehbar ist. An der rauen Landspitze kann es stürmische Winde und heftige Wellen geben. Am Wasser steht eine circa vier Meter hohe Skulptur mit der Inschrift »Juras Panemtiem« (Vom Meer genommen), zum Gedenken an vier Menschen, die einfach im Meer verschwanden. Auch für Schiffe ist es am Kap nicht ungefährlich; eine Sandbank verlängert das Kap unter Wasser um etwa sechs Kilometer. Am Ende steht ein 21 Meter hoher Leuchtturm auf einer kleinen künstlichen Insel. Schiffswracks, die hier einfach liegen geblieben sind, haben einen morbiden Charme.

Die Landspitze ist Sammelpunkt riesiger Schwärme von Zugvögeln. Bis zu 50 000 Vögel ziehen im Frühling täglich hier vorbei oder machen Rast, um sich zu erholen. Für Besucher und Vogelbeobachter gibt es einen Parkplatz, ein Besucherzentrum, Tische mit Bänken und im Sommer ein kleines Café. An Kap Kolka grenzt der Slītere-Nationalpark (vgl. S. 66), der ein beliebtes touristisches Ausflugsziel ist.

i P Besucherzentrum ➜ C4

Kolkasrags, »Brigas«, Kolka
℅ 29 14 91 05, www.kolkasrags.lv
Mai–Sept. durchgehend geöffnet, sonst Fr–So ab 10 Uhr
Eintritt frei
Parken € 1/h (Motorrad), € 1,50/h (Pkw), € 3/h (Minibus), € 4,50/h (Bus)

Ķemeri-Nationalpark/ Ķemeru nacionālais parks
➜ F5/6

Im Nationalpark Ķemeri sind mehrere Naturschutzgebiete vereint: das Flusstal der Slocene, die Schwefelquellen des Grünen Moors, die unterirdischen Dünen, der Sandstrand mit den Dünen, der Valguma-See, das große Hochmoor von Ķemeri (Lielais Ķemeru tīrelis) und der Kaņieris-See. Der Park ist Lebensraum für geschützte Pflanzen, die im lettischen Roten Buch eingetragen sind, und verschiedener in Europa selten gewordener Vogelarten wie Kraniche, Seeadler und Schwarzstörche.

Zum Wandern und Erholen an frischer Luft gibt es fünf verschiedene Naturpfade. Man kann sie allein oder geführt erkunden. Das Informationszentrum organisiert auch spezielle Veranstaltungen.

🏞🦉🦆🦌 Ķemeri-Nationalpark/ Ķemeru nacionālais parks ➜ F5/6

Meža māja (Waldhaus)
Ķemeri, Jūrmala
℅ 67 73 00 78, 26 42 49 72
www.kemerunacionalaisparks.lv
Öffnungszeiten des Informationszentrums: Mai–Sept. tägl. 9–18 Uhr, Eintritt frei

Kuldīga ➜ F3

Nachweislich gab es in der Region bereits 2000 v. Chr. erste Besiedlungsspuren. 1242 eroberte der Deutsche Orden Kurland und baute in Kuldīga eine Burg, die später Goldingen genannt wurde.

Auf Bohlenwegen durch den Ķemeri-Nationalpark

1355 bekam der Ort Stadtrechte und wurde 1368 Mitglied der Hanse. Der schiffbare Fluss Venta, über den Kuldīga Handel trieb und mit dem Rest der Welt verbunden war, machte dies möglich. Im 16. Jahrhundert erlebte die Stadt als Residenz der Herzöge von Kurland ihre Blütezeit.

Heute hat Kuldīga um die 10 500 Einwohner, die stolz auf ihre wunderschöne Altstadt mit der sehenswerten Architektur und den Gebäuden aus dem 17. und 18. Jahrhundert sind. Moderne Straßen, Eisen- oder Straßenbahn gibt es hier nicht, dafür schmale Gassen und Holzhäuser mit rotem Ziegeldach und Schornstein in der Mitte. In der Baznīcas iela 7, nicht weit vom Rathausplatz, steht das älteste Holzgebäude Kurlands. Auf dem Dach des 1670 errichteten Hauses weht eine sehr schöne Wetterfahne mit der Gestalt eines mythischen Einhorns.

Das historische Zentrum wird auch »Lettisches Venedig« genannt, da viele Gebäude, deren Sockel quasi das Flussufer bilden, direkt an den Fluss Alekšupīte grenzen. Beim Flanieren durch die Liepāja iela erkennt man viele verschiedene Architekturrichtungen. Nicht zu übersehen sind die kleinen Fenster über den Eingangstüren, die typisch sind für Kuldīga.

Heimliches Wahrzeichen der Stadt ist eine massive Backsteinbrücke aus dem Jahr 1874. Die 164 Meter lange, in sieben Bögen über die Venta führende Brücke wurde nach ihrer Zerstörung 1926 wieder aufgebaut. Mehrfach diente sie bereits als Filmkulisse, etwa für die deutsche Fernsehproduktion »Die Brücke« (2008). Von der Brücke kann man die **Wasserfälle Ventas Rumba** in voller Länge betrachten. In der Mittsommernacht findet hier eine ganz besondere Veranstaltung

Die Katharinenkirche in Kuldīga

statt: der »Lauf der Nackten über die Venta-Brücke«.

ℹ️ **Tourist Information** ➡ F3
Baznīcas iela 5, 3301 Kuldīga
℡ 63 22 22 59, 29 33 44 03
www.visit.kuldiga.lv
Mo–Fr 9–17, Sa/So 10–15 Uhr

⛪ **Katharinenkirche/Kuldīgas
Sv. Katrīnas baznīca** ➡ F3
Baznīcas iela 31/33, Kuldīga
℡ 22 32 82 83
www.kuldigas.lelb.lv
Eintritt frei
Das evangelische Gotteshaus in Kurländischem Barock ist eines der ältesten Gebäude Kuldīgas; von außen eher schlicht ist es dafür innen reich und prachtvoll ausgestaltet. Einer Legende zufolge lebte einst das fromme Mädchen Katharina in Kuldīga. Sie hatte ihr ganzes Geld für den Bau der Kirche gespart. Doch sie wurde verleumdet und wegen eines angeblichen Pakts mit dem Teufel durch Tod auf dem Folterrad bestraft. Als sich später ihre Unschuld herausstellte, ernannte man sie zur Heiligen und benannte Gemeinde und Kirche nach ihr.

Dem Volksglauben nach ist sie mit Märtyrerkrone und Schwert

auf dem Folterrad auf einem Medaillon über dem Seiteneingang abgebildet. Tatsächlich aber ist hier Katharina von Alexandrien, die in der katholischen Kirche als Märtyrin verehrt wird und zu den vier großen heilige Jungfrauen zählt, zu sehen.

◉ **Wasserfall Ventas Rumba**
➡ F3

Ventas rumba, Kuldīga
✆ 63 32 22 59
Eintritt frei

Mit 249 m ist Ventas Rumba der breiteste natürliche Wasserfall Europas. Er wirkt allerdings durch die geringe Fallhöhe nicht sehr spektakulär. Sehenswert ist die Szenerie besonders im Frühling und Herbst, wenn die Fische durch Springen versuchen die Stromschnelle zu überwinden, um zu den flussaufwärts liegenden Laichplätzen zu kommen.

Ausflugsziel:

◉⚐ **Steilküste von Jurkalne**
➡ F2

Die Kurländische Ostseeküste besticht durch ihre zauberhafte und größtenteils noch unberührte Natur. Hier gibt es noch kilometerlange leere Strände! Zum Gleitschirmfliegen ist besonders die

Am Strand von Liepāja

malerische, natürliche Steilküste in Jürkalne geeignet. Sie entstand durch Erdrutsche und erreicht eine Höhe von bis zu 20 m.

Liepāja ➡ G1

Liepāja liegt 223 Kilometer westlich von Riga und ist mit 70 000 Einwohnern die drittgrößte Stadt Lettlands. Die eisfreie Hafenstadt entstand an der Mündung des Flusses Liva in die Ostsee. Der Ort Liva, später Libau, wurde erstmals 1253 erwähnt; der Name Liepāja ist seit 1560 dokumentiert. Das Stadtrecht wurde 1624 durch Herzog Friedrich Kettler von Kurland verliehen. Bereits 1893 fuhr hier die erste Straßenbahn Lettlands.

Das Stadtbild ist bis heute maßgeblich geprägt vom Wirken des deutschen Architekten Max Paul Bertschy, einem Schüler Friedrich Schinkels. Die Stadt hat ihm u. a. die **Dreifaltigkeitskirche**, das **Rathaus** und das Museum für Kunst und Geschichte, das **Liepāja-Museum**, zu verdanken.

Mit der **Nikolaus-Kathedrale** besitzt die Stadt außerdem das größte orthodoxe Gotteshaus des Baltikums.

Liepāja hat einen Handels- und einen Kriegshafen. Bis zum Zweiten Weltkrieg brachte der Handelshafen als »Tor zur Welt« Wohlstand nach Liepāja. Der **Kriegshafen (Karosta)** war im Ersten und Zweiten Weltkrieg und während der 50-jährigen Sowjetbesatzung ein wichtiger Marinestützpunkt. Liepāja durfte in dieser Zeit nur mit gültigem Passierschein betreten werden. Trotz sichtbarer Anstrengungen und einem regen Kulturleben wird es noch einige Zeit dauern, bis die Stadt wieder an ihre Bedeutung als Hafenstadt anknüpfen kann.

Legendär ist das jährlich im März stattfindende **Musikfestival**, an dem die weltbesten Pianisten teilnehmen.

ℹ️ Tourist Information ➡ G1
Rožu laukums 5/6, 3401 Liepāja
☎ 29 40 21 11, 348 08 08
www.liepaja.travel
April–Sept. Mo–Fr 9–19, Sa 10–18,
So 10–16, Okt.–März Mo–Fr 9–17,
Sa 10–16 Uhr

🏛 Liepāja-Museum/
Liepājas muzejs ➡ G1
Kūrmājas prospekts 16, Liepāja
☎ 29 60 52 23
www.liepajasmuzejs.lv
Mi–So 10–18 Uhr
Eintritt frei, Gruppenführung
(bis 10 Personen) € 20, nach Voranmeldung auch Führungen in
englischer Sprache möglich
Das Museum wurde 1924 eröffnet und befindet sich seit 1935 in
einem nach Entwürfen von Max
Paul Bertschy 1901 errichteten
Gebäude. Es beherbergt mehr als
100 000 Exponate und zeigt Ausstellungen zur Geschichte der Region. Eine davon beschäftigt sich
mit der deutschen Vergangenheit
der Stadt. Die Innenausstattung
des Museums verblüfft mit schö-
nem Kiefernholz.

◉ Dreifaltigkeitskirche/
Sv. Trīsvienības baznīca ➡ G1
Lielā iela 9, Liepāja
☎ 63 42 22 08, 20 00 63 70
www.trinitatis.lv
Tägl. 10–18 Uhr
Das Wahrzeichen der Stadt ist
die spätbarocke evangelische
Dreifaltigkeitskirche (1758). Die
dreischiffige Kirche wurde von
der deutschen Gemeinde erbaut
und ist reich an Zierrat aus Sandstein. Die Orgel, gebaut vom
damals berühmten Orgelmeister
H. A. Kontius, war mit 131 Regis-
tern und mehr als 7000 Pfeifen
von 1885 bis 1912 die größte der
Welt und ist auch heute noch eine
der größten in Europa. In der heiligen Dreifaltigkeitskirche hat das
finnische Jägerbataillon 1918 die
Treue für das unabhängige Finn-
land geschworen.

*Die Kathedrale zu Karosta in
Liepāja ist das größte orthodoxe
Gotteshaus in Lettland*

**◉ 🏛 🛏 ❾ Gefängnis des
Kriegshafens/Karostas cietums**
➡ G1
Jūras virssardze
Invalīdu iela 4, Liepāja
☎ 26 36 94 70
www.karostascietums.lv
Juni–Aug. tägl. 9–19, Mai, Sept.
tägl. 10–18, Okt.–April Sa/So
12–16 Uhr
Besichtigung € 5/3,50 (in Fremdsprachen), Führung mit Showein-
lage (1 Std.) € 6/4,50, geführter
Rundgang mit Fackeln durch die
Labyrinthe der nördlichen Befes-
tigungsanlagen € 2,50/1, Reality-
show »Hinter Gittern« € 8/7,50 (in
Fremdsprachen)
Das Gebäude wurde Anfang
des 20. Jh. als Krankenhaus gebaut, aber nie als solches genutzt; es wurde eine Strafvoll-
zugsanstalt. Im Marinegefängnis
ließ der Zar 1905 Teilnehmer der

*Nur für Hartgesottene: die Reality-
Show »Hinter Gittern« im Gefängnis des Kriegshafens*

Vor der Markthalle in Liepāja

Matrosenaufstände einsperren, hier wurden von der deutschen Wehrmacht Deserteure hingerichtet und nach 1945 unterstand es dem KGB. Viele Häftlinge verließen den grausamen Ort psychisch und physisch gebrochen.

Heute sind in dem Gebäude ein Museum und eine Herberge (ab 12 J., Mai–Nov. nach Voranmeldung, ab € 15) untergebracht. Hier kann man an einer Reality-Show mit dem Namen »Hinter Gittern« teilnehmen. Etwas skurril muten die beiden Übernachtungskategorien an: normal (in Zellen mit Sträflingskleidung) und extrem (in Zellen, mit Sträflingskleidung und nächtlichem Besuch von »Ehrenamtlichen in Uniformen der sowjetischen Armee, die mit den Gästen hartes Gefängnisleben spielen«).

◉ Kriegshafen/Karosta ➡ G1
Liepāja
Bus 1, 3, 4, 7, 8 oder Kleinbus 22: Karosta
Das selbstständige Stadtviertel liegt nördlich des Zentrums und macht etwa ein Drittel der Stadtfläche aus. Der Kriegshafen entstand Ende 19./Anfang 20. Jh. und ist als Stadtviertel von architektonischen und kulturellen Kontrasten geprägt: Festungsruinen in den Hafenanlagen, vornehme Offiziersvillen, eine orthodoxe Kirche und sozialistische Plattenbauten. Heute ist der »Kriegshafen« als Touristenattraktion zu betrachten, die Künstler verschiedenster Couleur inspiriert.

◉ Nikolaus-Kathedrale/Liepājas Svētā Nikolaja pareizticīgo Jūras katedrāle ➡ G1
Katedrāles iela 7, Liepāja
www.pareizticiba.lv
Eintritt frei, Spenden willkommen
Die imposante russisch-orthodoxe Kathedrale befindet sich im Stadtteil Karosta und wurde 1903 von Zar Nikolaus II. geweiht. Sie ist das größte orthodoxe Gotteshaus und höchster Kuppelbau im baltischen Raum.

◉ Rathaus/Rātsnams ➡ G1
Rožu iela 6, Liepāja
Das Rathaus befindet sich am höchsten Punkt Liepājas, 10 m über dem Meeresspiegel. Das 1889 als Gerichtsgebäude nach Plänen von Bertschy im eklektizistischen Stil erbaute Haus beherbergt heute die Stadtverwaltung.

◉ Rosenplatz/Rožu laukums ➡ G1
Liepāja
Der im Jahr 2000 rekonstruierte Platz im Zentrum ist ein traditioneller Treffpunkt. Beim Rosenbeet wurden Gedenktafeln der 14 Partnerstädte angebracht.

◉ St. Annenkirche/ Sv. Annas baznīca ➡ G1
E. Veidenbauma iela 1, Liepāja
✆ 63 42 42 31
www.annasdraudze.lv
Di–Sa 10–17 Uhr
Die evangelische St. Annenkirche (1587) am Kuršu laukums (Kurenplatz) ist die älteste Kirche der Stadt. Ihr heutiges Aussehen mit dem 60 m hohen Turm bekam sie 1872/73 nach Plänen von Bertschy. Im Inneren beeindruckt vor allem der barocke Altar mit einem knapp 10 m hohen, dreistöckigen Aufsatz aus dem 17. Jh.

St.-Josef-Kathedrale/ Sv. Jāzepa katedrāle ➡ G1
Rakstvežu iela 13, Liepāja
☎ 63 42 97 75
Mo–Fr 7–19, Sa/So 7–17 Uhr
Die katholische St.-Josef-Kathedrale ist die größte katholische Kirche der Stadt nahe dem Alten Marktplatz. Hier hat der Bischof von Kurzeme seinen Sitz. Die kleine barocke Pfarrkirche aus dem Jahr 1762 erhielt 1894–1900 einen Anbau, der 1937 zur Kathedrale erhoben wurde.

Piano ➡ G1
Vecā Ostmala 40, Liepāja
☎ 63 48 38 00
www.promenadehotel.lv
Tägl. 12–23, Fr/Sa bis 24 Uhr
Das 5-Sterne-Design-Hotel Promenade liegt direkt neben dem Yachthafen. Von der Terrasse des Restaurants Piano bietet sich ein einzigartiger Blick auf den Hafen. Kunstgalerie in der Lobby. €€

Vecais Kapteinis ➡ G1
Dubulšteina iela 14, Liepāja
☎ 63 42 55 22, www.facebook.com/vecaiskapteinis
Tägl. 12–22, Fr/Sa bis 1 Uhr
Das antike, geschmackvolle Restaurant zum »Alten Kapitän« befindet sich im historischen Hafenviertel in einem denkmalgeschützten Haus aus dem 18. Jh. Spezialität sind die über Holzfeuer zubereiteten Grillgerichte. Fr und Sa gibt es Livemusik. €€

Club Fontaine Palace ➡ G1
Dzirnavu iela 4, Liepāja
☎ 63 48 85 10
www.fontainepalace.lv
24 Std. geöffnet, So Jazz und Blues, Eintritt manchmal frei, meist € 3–5, max. € 20, je nach Event
In einem ehemaligen Speicher aus dem 18. Jh. eingerichteter cooler Club inklusive Café mit Hafenblick. Am Wochenende Livemusik.

Coyote Fly ➡ G1
Tērbatas iela 2, Liepāja
☎ 20 22 60 00 (Tischreservierung)
www.coyotefly.lv, Do–Sa 23–6 Uhr
Tempel für Livemusik, Partys und Konzerte; vermutlich der einzige Ort in Liepāja, wo man die richtige Kleidung braucht, um hineinzukommen.

Stadttheater Liepāja/ Liepājas Teātris ➡ G1
Teātra iela 4, Liepāja
☎ 63 42 24 06, 63 42 25 14
www.liepajasteatris.lv
Kasse tägl. außer Mo 12–18 Uhr

Bernstein

Einst wurde die Strecke zwischen Istanbul und Riga »Bernsteinstraße« genannt und noch heute befinden sich im Baltikum etwa 80 Prozent des globalen Bernsteinvorkommens. Der lettische Bernstein ist das fossile Harz der baltischen Kiefern, die die lange Küste Lettlands säumten.

Jeder Sturm spült Bernstein an die lettische Küste

Jeder Sturm trägt Bernstein an die Küste, und der aufmerksame Strandwanderer hat gute Chancen, ein Stückchen davon zu finden, das dann immerhin zwischen 30 und 50 Millionen Jahre alt ist.

Die alten Griechen machten eine der ersten Erfahrungen der Menschen mit Elektrizität, als sie feststellten, dass sich Bernstein beim Reiben mit einem Stück Stoff statisch auflädt. Die vielleicht längste Bernsteinkette der Welt, mit einer Länge von 123 Metern und einem Gewicht von 60 Kilogramm, kann im Handwerkerhaus von Liepāja besichtigt werden.

und eine Stunde vor Beginn einer Veranstaltung, Café tägl. ab 9.30 Uhr, Eintritt ca. € 4–20

Das 1912–14 erbaute Theater ist das älteste professionelle Theater Lettlands und hat innerhalb der Landesgrenzen einen sehr guten Ruf. Für eine Pause empfiehlt sich das **Theatercafé** »Būt vai nebūt« (dt. Sein oder Nichtsein), in das man von der Skolas iela über den Seiteneingang des Theaters gelangt. Hier verkehren lettische Künstler und Schauspieler und man kann in gemütlicher Atmosphäre essen und trinken.

🎒 **Petermarkt/Pētertirgus** ➡ G1

Kuršu 11, gegenüber der St.-Josef-Kathedrale, Liepāja
☎ 63 42 35 17
www.petertirgus.lv
Mo–Sa 8–18, So 8–14 Uhr

Schon seit der zweiten Hälfte des 17. Jh. gibt es auf dem Kuršu-Platz einen Markt. Mit der Errichtung des Pētertirgus-Pavillons in moderner Architektur und mit hohem hygienischem Standard begann 1910 ein neues Zeitalter des städtischen Handels. Heute gibt es hier Lebensmittel, Blumen, einheimisches Obst und Gemüse in reicher und farbenfroher Auswahl sowie Waren des täglichen Gebrauchs und Souvenirs zu kaufen. Besonders am Vormittag, wenn die Bauern aus dem Umland mit frischen Waren eintreffen, herrscht reges Treiben.

🏖🚣 **Strand** ➡ G1

Der weiße, von Küstenkiefern gesäumte feinsandige Strand mit seinen Naturdünen lockt Erholungssuchende an. Vom Stadtzentrum ist er in wenigen Minuten zu Fuß zu erreichen und die Blaue Flagge signalisiert gute Wasserqualität. Mit etwas Glück kann man sogar Bernstein finden.

🏖🌳🍴🎵🚣🏃🅿 **Strandpark**
Jūrmalas parks ➡ G1
Liepāja

In dem 3 km langen und 50 ha großen Park wachsen 112 verschiedene Baum- und Buscharten. 1870 wurde mit der Pflanzung der ersten Linden um das damalige Badehaus begonnen. Bereits Ende des 19. Jh. wohnten die Reichen von Liepāja hier in Villen und Einfamilienhäusern. 1902 wurde ein neues Badehaus mit Säulen im dorischen Stil nach Entwürfen von Bertschy gebaut. Sponsor war Zar Alexander II. – als Dank für die Heilung seines Sohnes Nikolai in Liepāja.

Neben verschiedenen Sportmöglichkeiten und Biergärten gibt es im Park eine Open-Air-Konzertbühne (»Pūt Vējini«), auf der alljährlich im August das

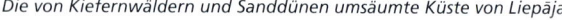

Die von Kiefernwäldern und Sanddünen umsäumte Küste von Liepāja

älteste Rockfestival Lettlands, Liepājas Dzintar (Bernstein Liepājas), stattfindet. 2016 feierte das Festival sein 40-jähriges Jubiläum.

🎪 **Veranstaltungen in Liepāja**
März: Stadtjubiläum und Festival der Pianisten, **letzter Samstag im Mai:** Jahrmarkt der Kunsthandwerker »Līvu Tirgus«, **Juli:** Baltic Beach Party, Meeresfest, Blumenfest, Künstlerfest, Liederfest der Brauerei »Līvu alus«, Internationale Rallye »Kurzeme«, **zweite Augustwoche:** Festival der Rockmusik »Liepājas Dzintars«, **September:** Internationales Festival der Orgelmusik.

Pape-Naturpark/
Papes dabas parks ➡ H/J1
Kern des 57 Quadratkilometer großen Naturparks südlich von Liepāja sind der zwölf Quadratkilometer große Pape-See und das Nida-Moor. Der flache Lagunensee mit seinem üppigen Schilfbewuchs ist ein idealer Lebensraum und Nistplatz für Stand- und Zugvögel. Rings um den See sind verschiedene Stationen sowie ein Turm zur **Vogelbeobachtung** eingerichtet. Die beste Zeit, den Vogelzug zu erleben, ist von August bis Mitte November.

In den Wiesen um den Pape-See weiden Wildpferde, Auerochsen und Wisente, die 1999 beziehungsweise 2004 erfolgreich angesiedelt wurden und im Rahmen einer Exkursion besucht werden können. Altes Volksliedgut und archäologische Ausgrabungen zeigen, dass Wildpferde schon früher in Lettland gelebt haben müssen. Auch Rehe, Rothirsche, Fischotter, Luchse, Biber, Wölfe, Elche und viele andere Tiere leben hier.

🏛🎿📷 **Pape-Naturpark/**
Papes dabas parks ➡ H/J1
Etwa 30 km südlich von Liepāja, über die A11

Das Naturschutzgebiet Pape: Ein Aussichtsturm dient zum Beobachten von Zugvögeln

Rucavas papasts, Pape
✆ 26 16 73 33, 26 69 38 67 (Führungen), www.pdf-pape.lv
Ganzjährig und tägl. 24 Std.; Exkursionen zu Wildpferden und Auerochsen Mai–Okt tägl. 10–19 Uhr, sonst nach telefonischer Absprache
Eintritt € 3/1,50, Führungen dauern mindestens 1 Std., feste Schuhe erforderlich

🏛📷 **Ornithologische Gesellschaft/Latvijas OrnitoloGijas Biedrība ➡ H/J1**
Skolas iela 3, Riga
✆ 67 22 15 80
www.Lob.lv
putni@Lob.lv
Führungen nach Anmeldung (nur telefonisch oder per E-Mail)
Erfahrene Ornithologen und Vogelfreunde bieten kreative Tages- oder Wochentouren zur Vogelbeobachtung für Gruppen oder Individualreisende.

In den Wiesen um den Pape-See weiden Wildpferde

Slītere-Nationalpark/Slīteres nacionālais parks ➡ C3/4

Zu Sowjetzeiten war hier militärisches Sperrgebiet; diesem Umstand ist die unberührte Natur mit Sandstränden, Dünen, Meer und Kiefernwäldern zu verdanken. An der Landzunge Kolgasrags (Kap Kolka) treffen die Wellen der Ostsee und des Rigaer Golfes aufeinander.

Das 260 Quadratkilometer große Naturschutzgebiet ist Heimat vieler endemischer Tier- und Pflanzenarten; fast alle in Lettland vorkommenden Waldarten finden sich hier. Für Individualtouristen gibt es neun Strecken zum Wandern, Rad- und Kanufahren sowie zur Vogelbeobachtung. Für Besucher nicht zugänglich ist eine Zone, in der sich Flora und Fauna ohne Einfluss des Menschen entwickeln sollen. Eine weitere Zone ist Wissenschaftlern für die Forschungsarbeit vorbehalten.

🐱🍴🎨 Slītere-Nationalpark/ Slīteres nacionālais parks ➡ C3/4

Dundagas novads, Kolkas pagasts
✆ 63 28 60 00, 29 44 43 95
www.slitere.lv,
www.visit.dundaga.lv
Tägl. 24 Std. geöffnet, Eintritt frei

Talsi ➡ E4

Urkundlich wird Talsi erstmals 1231 im Zusammenhang mit baltischen Kreuzzügen genannt; 1434 wird

Alte Mühle im Freilichtmuseum der Küstenfischer in Ventspils

eine Livländische Ordensburg erwähnt, um die sich deutsche Handwerker und Händler ansiedelten. Die Stadt (9500 Einw.) wird auch stolz »Stadt der neun Hügel« oder »Perle Kurlands« genannt. Das historische Zentrum Talsis liegt zwischen zwei Seen. Schmale, krumme Gassen, altertümliche Gebäude, Parks und Gärten, die sich sanft über Hügel verteilen, zaubern einen besonderen Charme. Maler und Fotografen sind seit je inspiriert von den faszinierenden Spiegelungen in den angrenzenden Seen. Besonders schön ist es hier, wenn im Frühling die Apfel- und Kirschbäume blühen.

ℹ Tourist Information ➡ E4

Lielā iela 19/21
3201 Talsi
✆ 63 22 41 65, 26 46 90 57
www.talsitourism.lv

❿ Ventspils ➡ D2

Ventspils (dt. »Burg an der Venta«) liegt im Nordwesten Lettlands an der Mündung der Venta in die Ostsee. Seit die 41 000 Einwohner zählende Stadt gut am russischen Öl verdient, wurde viel Geld in Stadtbild und Umweltschutz investiert. Aus einer Industriestadt mit dem größten Erdölhafen Lettlands wurde eine hübsche Kleinstadt mit frischen Farben und einer restaurierten Altstadt. Im Zentrum, unweit von Markt und Burg, liegt der von historischen Gebäuden umrahmte Rathausplatz (Rātslaukums). Neben wunderschönen Parks und Flaniermeilen lockt der **Ostseestrand**, die Blaue Flagge signalisiert beste Wasserqualität.

ℹ Tourist Information ➡ D2

Dārzu iela 6
3601 Ventspils
✆ 63 62 22 63, 29 23 22 26
www.visitventspils.com
Mo–Fr 8–19, Sa/So 10–16 Uhr

🏛️ 🏞️ 🎨 **Freilichtmuseum der Küstenfischer/Ventspils jūras zvejniecības brīvdabas muzejs** ➡️ D2

Am Strandpark, Riņķa iela 2
Ventspils
☎️ 63 62 44 67
http://muzejs.ventspils.lv/en
Mai–Okt. tägl. außer Mo 10–18 Uhr, Eintritt € 1,40/0,60
Eine sehenswerte Ausstellung mit allem, was zum Leben lettischer Fischer gehört: Boote, Angeln, Reusen, Netze, Fischerkaten und eine Windmühle. Von Mai bis September fährt eine historische Schmalspurbahn durch das Gelände.

🎨 🏛️ ❌ **Livländische Ordensburg/Livonijas ordeņa pils** ➡️ D2

Jāna iela 17, Ventspils
☎️ 63 62 20 31
http://muzejs.ventspils.lv/en
Tägl. außer Mo 10–18 Uhr
Eintritt € 2,50/1,50
Die 1290 errichtete Festung des Livländischen Ordens wurde aufwendig restauriert und ist nun wieder stolzes Wahrzeichen der Stadt. Es gibt ein Museum mit einer landesweit einzigartigen digitalen Ausstellung zur Geschichte Lettlands, der Burg, des Hafens und der Stadt. In der Burgschenke »Zum Schwarzen Ferkel«

Die Burg des Livländischen Ordens in Ventspils

kann man in mittelalterlicher Atmosphäre speisen.

🎨 **Nikolauskirche/ Sv. Nikolas baznīca** ➡️ D2

Baznīcas iela 6, Ventspils
Die anmutige evangelische Kirche mit ihren weißen klassizistischen Säulen erinnert an einen griechischen Tempel.

🏖️ ❌ **Strand** ➡️ D2

Der Strand von Ventspils ist längst kein Geheimtipp mehr. Feiner, weißer Sand, weite Dünen und eine hervorragende Infrastruktur sowie die Blaue Flagge ziehen weit über die Grenzen des Landes Gäste an. Es gibt eine ausgewiesene FKK-Zone und spezielle Plätze für Surfer. ▪️

Wie ein kleiner griechischer Tempel: die Nikolauskirche in Ventspils

Service von A bis Z

Lettland in Zahlen und Fakten

Amtssprache	Lettisch
Hauptstadt	Riga
Staatsform	Parlamentarische Demokratie
Fläche	64 589 km²
Regionen	Kurland, Livland, Semgallen und Lettgallen (vier historische Regionen)
Größter See	Lubāns (80,7 km²)
Einwohnerzahl	1,95 Mio.
Bevölkerungsdichte	31 Einwohner pro km²
BIP/Einwohner	€ 18 472 (2018)
Unabhängigkeit	18. November 1918, 21. August 1991
Währung	Euro
Zeitzone	MEZ + 2 Stunden
Nationalhymne	*Dievs, svēti Latviju!* (»Gott segne Lettland!«)
Kfz-Kennzeichen	LV
Bevölkerung	Letten 59 %, Russen 28 %, Weißrussen 3,7 %, Ukrainer 2,5 %, Polen 2,4 %, Litauer 1,4 %, andere 2,1 %

Anreise, Einreise

Für die Einreise nach Lettland brauchen EU-Bürger einen Personalausweis oder Reisepass, der noch mindestens 90 Tage gültig sein muss. Für Aufenthalte über 90 Tage ist eine Aufenthaltsgenehmigung erforderlich. Kinder benötigen unabhängig vom Alter einen Ausweis oder Reisepass mit Lichtbild; der Eintrag im Pass eines Elternteils genügt nicht.

Lettland ist bestens zu erreichen: Schiff, Auto, Bahn, Bus oder Flugzeug stehen zur Wahl, um die Anreise bequem und individuell zu gestalten.

Mit dem Auto

Auf der E67 (Via Baltica) kann man von Warschau aus via Bialystok/Suwalki den Grenzübergang nach Litauen bei Budzisko-Kalvarija passieren. Über Kaunas, Panevėžys und den litauisch-lettischen Grenzübergang Saločiai/Rupuļi geht es weiter nach Riga. Alternativen: von Kaunas über Ukmergė Richtung Daugavpils, über Klaipėda oder über Šiauliai.

Für die Einreise benötigt man eine **grüne Versicherungskarte**, die an der lettischen Grenze gekauft werden kann. Die Abfertigung an der Grenze geht schnell und komplikationslos.

Der **EU-Führerschein** wird in Lettland anerkannt. Inhaber älterer Führerscheine sollten einen internationalen Führerschein mitführen. Straßenkarten von Lettland gibt es unter www.ikarte.lv und www.1188.lv.

Mit der Bahn

Günstig und bequem lässt es sich per Bahn nach und innerhalb Lettlands reisen. Es gibt gute internationale Bahnverbindungen. Informationen erhält man unter www.ldz.lv (Lettische Bahn) und www.pv.lv (Regionalverkehr).

Ab Berlin-Lichtenberg besteht eine tägliche Verbindung nach Riga. Die Fahrt dauert ca. 28 Stunden. Der Nachtzug nach Vilnius (Litauen) führt einen Kurswagen nach Riga mit, Preis ca. € 150. Insgesamt kann eine Bahnfahrt mit mehrfachem Umsteigen und einer Dauer von bis zu 35 Stunden schnell zur Odyssee werden.

🚂 Rigaer Hauptbahnhof/
Rīgas centrālā dzelzceļa stacija
➡ aE/aF5
Stacijas laukums 2, Riga
✆ 67 82 02 31
Fahrplanauskunft Inland:
✆ 67 23 21 35
www.1188.lv, www.pv.lv
Fahrplanauskunft Ausland:
✆ 67 23 11 81
Schalteröffnungszeiten 7–22 Uhr

Mit dem Bus:
Die Hauptstadt Riga ist mit den meisten großen Städten Europas durch Buslinien verbunden (www.ecolines.net/de, www.eurolines.de, www.luxexpress.eu). Der Busbahnhof in Riga wird von zahlreichen deutschen Städten aus angefahren. Eine Fahrt von Berlin nach Riga dauert ca. 20 Stunden und kostet ab € 50. Weitere Auskünfte unter www.autoosta.lv.

🚌 Internationaler Busbahnhof
von Riga/Rīgas starptautiskā
autoosta ➡ aF5
Prāgas iela 1, Riga
✆ 90 00 00 09
Fahrkartenreservierung ✆ 90 00 11 11 (8–21 Uhr)
www.autoosta.lv
Schalteröffnungszeiten tägl. 6–22 Uhr

Internationale Busgesellschaften
– Ecolines Lettland, Prāgas iela 1, Riga, ✆ 67 21 45 12, www.ecolines.net/de, tägl. 7–21 Uhr
– Eurolines Deutschland
✆ +49 61 96 20 78-501
www.eurolines.de, Mo–Fr 8–24, Sa 9–24, So 9–22 Uhr
– Nordeka, Dzirciema iela 121, Riga, ✆ 67 46 46 20, 80 00 01 15 (kostenfrei), www.nordeka.lv

Mit dem Schiff:
An der mehr als 500 Kilometer langen Küste Lettlands gibt es zehn Häfen. Um das Land auf dem Seeweg zu erreichen, sollte man einen der großen Häfen in Riga, Ventspils oder Liepāja wählen.

Autofähren verkehren mehrmals wöchentlich z. B. von Travemünde nach Liepāja oder Ventspils (www.stenaline.de). Preis € 183 für zwei Personen und einen PKW ohne Anhänger.

Lettland ist nicht nur von vielen Ostseehäfen aus erreichbar; es wird auch von Kreuzfahrtschiffen und Yachten angesteuert.

Mit dem Flugzeug:
Der **Hauptstadtflughafen** ➡ F6/7 (www.riga-airport.com) liegt nur 13 Kilometer westlich von Riga nahe der Autobahn A10. Er ver-

Vom Tourismus noch fast unberührt: die Seenlandschaft im Südosten Lettlands

bindet 80 Städte weltweit mit Riga. Die nationale Fluglinie AirBaltic (www.airbaltic.com) unterhält die meisten Verbindungen, aber auch andere Fluggesellschaften bieten Direktflüge von und nach Riga. Die Flugzeit von Deutschland nach Riga beträgt keine zwei Stunden.

Mit dem Bus 22 gelangt man vom Flughafen in 30 Minuten ins Stadtzentrum. Die Busse (www.rigassatiksme.lv) verkehren alle 10 bis 15 Minuten. Ein Ticket kann für € 2 beim Busfahrer oder für € 1,15 im Flughafen bei »Welcome to Riga« gekauft werden. AirBaltic bietet einen Airport Express in die Innenstadt (Fahrdauer 20 Min., Ticket € 5, auf www.airbaltic.de oder beim Busfahrer). Die Taxifahrt ins Zentrum dauert etwa 15 Minuten und kostet ca. € 14.

Auskunft

ℹ️ **Baltikum Tourismus-Zentrale**
Fremdenverkehrszentrale Estland – Lettland – Litauen
Katharinenstr. 19, 10711 Berlin
☎ (030) 89 00 90 91
www.baltikuminfo.de

ℹ️ **Fremdenverkehrsamt Lettland**
Brīvības iela 55, LV-1050 Riga
☎ 67 22 99 45
www.latvia.travel/de
www.liaa.gov.lv/lv/turisms
Mo–Fr 8.30–17 Uhr

Automiete, Autofahren

In Riga sind alle renommierten **Autovermietungen** wie Avis, Sixt, Europcar und Hertz zu finden, viele haben einen Buchungsschalter am Flughafen. Die Preise liegen über denen in Westeuropa und über denen lokaler Anbieter wie z.B. AGG, Baltic Car Lease, Eurorenta und Hansabuss. Auch Ein-Weg-Vermietung ist möglich.

Die **Via Baltica,** die die baltischen Hauptstädte Riga, Vilnius und Tallinn verbindet, ist sehr gut ausgebaut. Auch die überregionalen Straßen sind gut befahrbar, während Nebenstrecken unbefestigt und im Sommer sehr staubig sein können.

Der **Pannendienst** ist über ☎ 800 00 00 zu erreichen, weitere Informationen unter www.baltic roads.net.

Tankstellen gibt es flächendeckend; sie sind zumeist modern ausgestattet und führen auch Autogas. Bleifreies Benzin hat als Kennzeichnung ein E. Die Zapfsäulen sind in der Regel farbig markiert: grün (bleifrei), rot (verbleit) und schwarz (Diesel). Dem deutschen Super bleifrei entspricht 95E.

Wer in Lettland mit dem Auto unterwegs ist, sollte über die von den in Deutschland abweichenden **Verkehrsregeln** an Ampeln informiert sein. Neben rotem, gelbem und grünem Licht gibt es noch ein blinkendes Grün. Zehn Sekunden vor Umschalten auf Gelb blinkt die Ampel grün, dann darf nicht mehr gefahren werden!

Es besteht **Anschnallpflicht,** Telefonieren ist nur mit **Freisprechanlage** gestattet. Zu jeder Tages- und Nachtzeit muss mit **Abblendlicht** gefahren werden und vom 1. Dezember bis zum 1. März gilt **Winterreifenpflicht.** Die **Alkoholgrenze** liegt bei 0,5 Promille.

Es gelten folgende **Geschwindigkeitsbegrenzungen**: in Ortschaften: 50 km/h, außerhalb von Ortschaften: 90 km/h, auf Autobahnen: 110 km/h.

Diplomatische Vertretungen

In Deutschland:
ℹ️ **Botschaft der Republik Lettland**
Reinerzstr. 40/41, D-14193 Berlin
☎ (030) 826 00 22
www.mfa.gov.lv/de/berlin
Mo–Fr 8–17 Uhr

In Lettland:
ℹ️ **Botschaft der Bundesrepublik Deutschland**
Raina bulvaris 13
LV-1050 Riga
✆ 67 08 51 00
www.deutschebotschaft-riga.lv
Mo–Mi 8–17, Do 8–16.30, Fr 8–15 Uhr

ℹ️ **Botschaft der Republik Österreich**
Elizabetes iela 15
LV-1010 Riga
✆ 67 21 61 25, austrian.embassy@mailbox.riga.lv
Mo–Fr 8.30–16.30 Uhr

ℹ️ **Schweizerisches Konsulat**
Elizabetes iela 2
LV-1340 Riga
✆ 67 33 83 51
vertretung@rig.rep.admin.ch
Mo–Fr 8.30–11.30 Uhr

Einkaufen

Als beliebtestes Souvenir gilt immer noch handgemachter Bernsteinschmuck, gefolgt von traditionellem baltischem Schmuck aus Bronze und Silber. Als nützliche Mitbringsel werden gern Keramik aus Latgale, Lederwaren wie Taschen, Geldbörsen, Buchhüllen und Fotoalben, Gegenstände für den Haushalt aus Holz, Tischdecken, Servietten, Gardinen, Weidenkörbe, Handtücher und Schals gekauft. Praktisch sind auch warme Stricksachen aus naturbelassener Wolle.

Bei Sammlern sind Briefmarken und Münzen begehrte Objekte. Wer Souvenirs aus dem Lebensmittelbereich mitnehmen möchte, dem seien Schwarzbrot, Johannis-Käse, Rigaer Sprotten, Honigprodukte, Süßwaren aus der Fabrik »Laima« und alkoholische Getränke wie Honigbier und »Schwarzer Rigaer Balsam«, der nach einer speziellen und

Wärmendes Souvenier: handgefertigte Strickwaren aus Lettland

heilenden Rezeptur hergestellt wird, empfohlen. Der hochprozentige Kräuterschnaps war früher eine beliebte Medizin und wurde in allen Apotheken Europas verkauft. Heute genießt man ihn entweder pur oder mit Kaffee, Eiscreme oder Blaubeersaft.

Gute Shopping-Adressen in Riga sind die Boutiquen des Berga Bazārs (Eingang z.B. von der Elizabetes iela), die feinen Läden in der Torņa iela und die Designergeschäfte in der Tērbatas iela. Die angesagtesten Labels gibt es in der Elizabetes iela.

Essen und Trinken

Eine Besonderheit Lettlands ist die unglaubliche Vielfalt an köstlichem dunklem bis schwarzem **Roggenbrot** *(saldskāba maize)*. Dazu werden fester Frischkäse *(biezpiens)* und Honig *(medus)* gegessen. Typisch **lettische Ge-**

Eine Seltenheit: Bernsteine mit einem eingeschlossenen Insekt

Geräucherter Fisch: Zum Räuchern wurden einst trockene Kiefernnadeln benutzt

richte sind mit Speck und Zwiebeln gefüllte Hefeteigtaschen (*pĩrãgi*), Sauerampfersuppe aus gekochtem Schweinefleisch, harten Eiern, Kartoffeln, Zwiebeln, Graupen und saurer Sahne sowie graue Erbsen mit Speck und Bier. Zu Hause wird viel mit Getreide wie Buchweizen (*griķi*), Hafer (*auzas*) und Gerste (*grũbas*) gekocht. Als Getränk erfreut sich Kefir großer Beliebtheit.

Borschtsch ist eine in Osteuropa weit verbreitete Gemüsesuppe. Die Zutaten sind regional unterschiedlich. Fleisch, Rote Beete und Weißkohl gehören fast immer dazu. In Lettland wird *Cholodni borschtsch* kalt serviert und mit Sauerrahm und Ei verfeinert. Auch andere russische Nationalgerichte sind fester Bestandteil der lettischen Küche, etwa *Blini* (hauchdünne Pfannkuchen aus Buchweizenteig) und das wohl bekannteste Getränk der Russen: Wodka. Hiervon wird auch in Lettland ordentlich getrunken.

Ebenfalls hochprozentig und eine original lettische Spezialität ist der legendäre schwarze **Kräuterschnaps** *Rīgas Melnais balzāms*. Empfehlenswert sind ebenso Kümmellikör, Beeren- und Honigschnäpse. Die Letten schauen mit Stolz auf eine lange Tradition des Bierbrauens zurück. Es gibt viele kleine Brauereien, die äußerst leckeres, würziges und vor allem süffiges **Bier** (*alus*)

brauen. Beliebte Biersorten sind *Bauskas alus* und *Lãčēšalus alus*.

Neben der traditionellen lettischen Küche gibt es eine breite Palette von Restaurants mit internationalen Spezialitäten bis hin zu Gourmettempeln der Spitzenklasse. Vorrangig in Riga und anderen größeren Städten wird von Chinesisch, Italienisch über Armenisch und Indisch bis hin zu den üblichen Fastfood-Ketten alles geboten. Wer nicht gerade in Nobelrestaurants einkehrt, kann in Lettland gut und günstig essen. Für € 8 bekommt man ein reichliches Mittagessen.

Weitere lettische Köstlichkeiten

Burkanu pardevejs	Teigtaschen mit Möhrenfüllung
Buberts	kalt servierter Weizenpudding
Cukas ar skabiem kapostiem	Eisbein mit Sauerkraut
Marinetas senes	Champignons auf livländische Art
Janu siers	Johanniskäse (mit Kümmel gewürzter Hüttenkäse, der nur zum Sonnenwendfest gegessen wird)
Kurzemes kotletes ar seniem	Hacksteaks in Sauce mit Pilzen traditionelle
Senu zupa	Pilzsuppe
Silke sipolu merce	Heringe in Zwiebel-Senf-Soße
Rasols	Kartoffelsalat mit Äpfeln und Roter Beete
Putra	sehr bekanntes lettisches Gericht (Gerstengrütze mit saurer Sahne, Kartoffeln und Fisch)
Sklandu rausi	lettische Törtchen
Kringels	süße Brezeln mit Mandeln
Risu kréms	Reiscreme
Saldejums	unvergessliches Speiseseis, das mit Scho-

Frau aus Jūrmala koladensoße, Zimt, Honig, Blaubeeren, Karamell und Nüssen verfeinert wird erfrischender Cocktail; besteht aus frisch gepresstem Saft einer Zitrone, Grenadine-Sirup, Weinbrand und Orangenlikör

Bei den empfohlenen Restaurants werden **Preiskategorien** (€) angegeben, die sich auf den Preis für ein Gericht mit Vorspeise und einem Getränk beziehen:

€	– bis 7 Euro
€€	– 7 bis 13 Euro
€€€	– 13 bis 20 Euro
€€€€	– über 20 Euro

Feiertage, Feste, Veranstaltungen

Gesetzliche Feiertage:

1. Jan. – Neujahr
Karfreitag
Ostermontag
1. Mai – Tag der Arbeit
4. Mai –Tag der Verabschiedung der Unabhängigkeitserklärung von 1990 (arbeitsfrei)
14. Juni – Gedenktag für die Opfer des Stalinismus
23./24. Juni – Mittsommer
18. Nov. – Nationalfeiertag
25./26. Dez. – Weihnachten
31. Dez. – Silvester

Feste und Veranstaltungen:

Januar
Bob-Weltcuprennen in Sigulda

April
Festival des Dokumentarfilms der baltischen Länder (Mitte April) und **Baltisches Ballettfestival** (Ende April, www.ballet-festival.lv) in Riga

Mai
Theaterfestival »Baltischer Frühling« in Riga

Juni
Historischer Handwerkermarkt im ethnografischen Freilichtmuseum bei Riga (erstes Juniwochenende)
Internationales Opernfestival in Riga (Mitte Juni)
Mittelalterfestival Cēsis: Ritterspiele in den Ordensburgruinen (Mitte Juni, www.cesis.lv)
Mittsommerfest (in der Nacht vom 23. zum 24. Juni)

Juli
Internationales Folklorefestival **Baltica** in Riga: alle drei Jahre (nächstes Festival Juli 2021)
Meeresfest in Ventspils (zweites Juliwochenende)
Festival für alte Musik: klassische Musik auf drei Schlössern in der Umgebung von Bauska (drittes Juliwochenende; www.smf.lv)

August
Konzertreihe **Rigaer Sommer**: Open-Air-Klassik in Riga und Jūrmala Open-Air-Rockfestival **Liepājas Dzintars** im Jūrmalas-Strandpark (Mitte Aug.)
Allgemeines **Lettisches Sängerfest** im Rigaer Mežapark (alle fünf Jahre), nächstes Sängerfest 2023 (Juli/Aug.)

Ritterspiele auf dem Mittelalterfestival in Cēsis (Juni)

Lettische Sängerfeste und Liederkultur

Das alle fünf Jahre stattfindende Lettische Liederfest ist nicht einfach nur ein kulturelles Großereignis; viel mehr ist es Teil der nationalen Identität. Das Baltikum war über Jahrhunderte fremdbesetzt und erst im 19. Jahrhundert, Europa durch-

Nach dem Sängerfest

lebte gerade eine Phase der Nationalromantik, besann man sich im Zuge nationalen Erwachens wieder der eigenen Sprache und Kultur. Lieder spielten dabei eine bedeutende Rolle. 1873 fand das erste große Liederfestival in Lettland statt. Trotz Zarenherrschaft wurde die lettische Hymne mehrfach gesungen; heute ist sie die Nationalhymne des Landes. Bis auf Unterbrechungen während der beiden Weltkriege finden die Liederfeste seitdem alle fünf Jahre statt. Seit 2004 gibt es ein eigenes Gesetz, das die Weitergabe dieser Tradition festschreibt. Zu allen Zeiten waren die Feste Bühne gewaltlosen kollektiven Widerstands. Zwischen 1988 und 1990 etablierte sich gar der Begriff »Singende Revolution«, als die Menschen auf Demonstrationen patriotische Lieder sangen. Zwei Millionen Menschen bildeten 1989 eine Kette von Vilnius über Riga bis Tallinn – die längste der Geschichtsschreibung bekannte Menschenkette.

Das Lettische Sängerfest in Riga lockt mehr Publikum an als internationale Sportevents

September
Internationales **Filmfestival Arsâ** in Riga (in allen geraden Jahren Mitte Sept.)
Tag- und Nachtgleiche im Herbst (23. Sept.)

Dezember
Weihnachtsmarkt in Riga (Mitte Dez.)

Geld, Kreditkarten

Landeswährung ist der Euro. **Banken** haben in der Regel Mo–Fr 9–17/18 Uhr, manche auch Sa 9–12 Uhr geöffnet. **Geldautomaten** findet man in allen größeren Städten. Mit Visa, EC, Mastercard usw. kann in den meisten Geschäften, Hotels und Restaurants bezahlt werden. **Reiseschecks** werden in Lettland akzeptiert; Kedit- und EC-Karten reichen aber aus. Sperrnummer für EC-/Kreditkarte/Handy: ℂ +49 116 116.

Hinweise für Menschen mit Handicap

Behindertengerechte Einrichtungen findet man nur wenige in Lettland. Das Land beginnt erst allmählich, sich auf die Bedürfnisse von Menschen mit Handicap einzustellen. Auskünfte über behindertengerechte Hotels erteilen der Lettische Fremdenverkehrsverband und der Lettische Hotel- und Restaurantverband (vgl. S. 86).

Internet

Ein WLAN-Netz ist besonders im städtischen Bereich verfügbar. Für mobiles Internet, vor allem an öffentlichen Orten, sollte man auf WiFi-Aufkleber achten. In Riga, allen größeren Städten und überall, wo sich Touristen aufhalten, gibt es in den Hotels meist kostenlose Hotspots für drahtlosen Zugang zum Internet.

Internetcafés gibt es fast flächendeckend, auf dem Land oft auch in Bibliotheken. Eine Stunde kostet ca. € 1,50.

Folgende Websites informieren über das Reiseziel:

Rigaer Fremdenführer:
www.liveriga.com/de
Lettlands Museen:
www.latvia.travel/de/artikel/museen
Hotels und Restaurants:
www.allhotels.lv
Jugendherbergsverband:
www.hostellinglatvia.com
Aktivurlaub in Lettland:
www.celotajs.lv, www.ezi.lv
Natur in Lettland: www.daba.lv
Bergsteigen: www.climbing.lv
Flusswandern und Wassersport:
www.laivas.lv, www.ezi.lv
www.zagarkalns.lv, www.makars.
lv, www.baili.lv,
www.udenssleposana.lv
Golf: www.golfsviesturi.lv,
www.ozogolf.lv
Heißluftballon fahren:
www.altius.lv
Radtouren: www.velokurjers.lv,
www.ezi.lv
Reiten, Angeln und Jagen:
www.lvm.lv
Rodelbahnen: www.zviedrucepu
re.lv, www.ramkalni.lv
Schmalspureisenbahn:
www.banitis.lv

Ski und Snowboard:
www.zagarkalns.lv, www.baili.
lvwww.zviedrucepure.lv,
www.ramkalni.lv
Vogelbeobachtung: www.putni.
lv, www.lob.lv
Wandern in Nationalparks:
www.gnp.gov.lv, www.slitere.
gov.lv, www.kemeri.gov.lv,
www.teici.lv
Wasserpark: www.akvaparks.lv

Klima, Kleidung, Reisezeit

Das Klima in Lettland ist maritim-kontinental, also insgesamt mild. Die Jahreszeiten sind sehr ausgeprägt. Im Sommer ist es warm; im Juli durchschnittlich 17,5 Grad Celsius. Am Tag steigt das Thermometer oft auf mehr als 25 Grad. Im Winter ist es kalt, häufig gibt es starke Schneefälle und manchmal ist nachts das Nordlicht zu sehen. Der Januar hat eine durchschnittliche Temperatur von -5 Grad.

Frühling und Herbst sind wechselhaft und relativ mild. Niederschläge fallen annähernd gleichmäßig über das ganze Jahr verteilt. Regenfeste Kleidung ist daher immer empfehlenswert.

Die Wassertemperaturen von Seen und Flüssen liegen im Sommer bei 16–18, die der Ostsee erreichen erst im August mit etwa 20 Grad den höchsten Wert. Die beste Reisezeit ist von Mai bis August, wenn die Tage lang und die Temperaturen angenehm sind.

Kunst, Kultur

Lettland ist auch ein Land der Künstler mit enormem kreativem Potenzial. In unzähligen Ausstellungen, Museen und Galerien kann man sich ein Bild vom ästhetischen Zeitgeist der Kunstschaffenden machen. Riga ist auch als Mekka der Ballett- und Opernfans bekannt. Nicht von ungefähr wurde 1991 ausgerechnet die Oper als erstes öffentliches Gebäude von der lettischen Regierung renoviert.

Längst keine Insidertipps sind die **Opernfestivals** in Riga und Sigulda und das Baltische **Ballettfestival.** Einer der berühmtesten Balletttänzer der Welt, Michael Baryschnikow, stammt aus Riga (geb. 1948). Als Kind russischer Eltern wuchs er hier auf, bekam früh Ballettstunden; sein Talent wurde bald erkannt und gefördert. Als Mitglied des bekannten Leningrader Kirow-Balletts setzte er sich 1974 während einer Tournee ab und beantragte in den USA politisches Asyl. Dort machte er als Tänzer, Choreograf und Schauspieler Karriere.

Dass aus Lettland traditionell gute Musik kommt, weiß Europa spätestens seit dem Eurovision Song Contest 2002, den die russischstämmige Marie N überraschend gewann. Ein Jahr später war Lettland selbst Gastgeber des Musik-Events.

Ob Rock, Folk, Blues, Jazz, klassische, Orgel- oder Chormusik – das baltische Land hat zu jeder Zeit Musiker und Komponisten von Weltruhm hervorgebracht.

Unter den etwas jüngeren Fans sind die Popband BrainStorm und die Neo-Folkloreband Iļǧi bekannt. BrainStorm ist eine aus Jelgava stammende Rock-und Popband, die sich im Stil am Britpop orientiert. In Deutschland veröffentlichte sie seit 2000 bereits fünf Alben. Beim Eurovision Song Contest 2000 in Stockholm belegte sie den dritten Platz.

Eines der beeindruckendsten und ergreifendsten **Chorfeste** der Welt findet alle fünf Jahre in Riga statt. Die besten Chöre des Landes, in dem jeder ein geborener Musiker oder Sänger zu sein scheint, treffen sich zum Lettischen Sängerfest, an dessen Abschlusskonzert bis zu 13 000 Sängerinnen und Sänger teilnehmen. Volkstänzer runden die Veranstaltung ab.

Da in den Nachbarländern Estland und Litauen ähnlich beeindruckende Liederfeste stattfinden, wurden diese im November 2003 in die UNESCO-Liste des Weltkulturerbes als einzigartiges, erhaltenswertes Kulturwunder aufgenommen.

Die Lettische Nationaloper in Riga

Medizinische Versorgung

Für die Einreise nach Lettland benötigt man eine Europäische Krankenversicherungskarte. Die gesetzlichen Krankenversicherungen zahlen nur dringend notwendige Behandlungen in Lettland. Der Abschluss einer privaten Auslandskrankenversicherung wird ausdrücklich empfohlen, da eventuelle erforderliche Rücktransportkosten nach Deutschland nicht übernommen werden.

Zum Mittsommerfest im Juni flechten Jung und Alt Kränze aus Blumen

Die **medizinische Versorgung** in Lettland entspricht nicht dem Standard in Deutschland. Für die Einreise sind keine Impfungen vorgeschrieben; eine FSME-Zeckenschutzimpfung wird für den Reisezeitraum März bis Oktober besonders für Wanderer und Landurlauber empfohlen. Zudem wird angeraten, für einen ausreichenden Hepatitis-A-Impfschutz zu sorgen.

Rezeptpflichtige **Medikamente** sind in Apotheken erhältlich. Dennoch ist es ratsam, eine eigene Reiseapotheke mit Medikamenten, die regelmäßig eingenommen werden, mitzuführen; sicherheitshalber in doppelter Menge und auf Hand- und Check-in-Gepäck verteilt, da Apotheken nicht immer die in Deutschland üblichen Medikamente beschaffen können. Apothekenauskunft: ☎ 728 17 08.

Mit Kindern in Lettland

Letten sind sehr kinderfreundlich. Das spürt man nicht nur im täglichen Miteinander, das zeigt sich auch an den vielen Freizeitmöglichkeiten, die speziell für Kinder eingerichtet wurden.

Zudem sind die vielen flachen **Strände** an der Ostsee gut für Kinder geeignet, da es keine starke Brandung oder große Gezeitenunterschiede gibt. Naturverbundene Urlaubsorte wie z. B. Bauernhöfe bieten ebenfalls einen familienfreundlichen Aufenthalt. Hier gibt es für Kinder viel zu erleben. Sie können beim Melken der Kühe zuschauen oder beim Ausmisten der Ställe helfen, Fische fangen, im Wald Beeren pflücken, abends am Lagerfeuer sitzen und unterm Sternenhimmel im Heu schlafen. Informationen zu **Urlaub auf dem Land**: www.celotajs.lv/de.

Die Sprösslinge können sich in **Wasser- und Erlebnisparks** vergnügen, z. B. in Jürmalas Aquapark (vgl. S. 46). In Riga sehr beliebt: der **Zoo** (vgl. S. 27) mit 3000 Tieren, u. a. einem mehr als 70 Jahre alten Mississippi-Alligator, das **Lettische Ethnografische Freilichtmuseum** (vgl. S. 24) sowie das **Motormuseum** (vgl. S. 25).

Nachtleben

Letten gelten als heitere Gastgeber, standhaft feierndes Volk und begeisternd singende Nation. Das spiegelt sich auch im Nachtleben Lettlands wider. Besonders das in Riga ist legendär; es gibt enorm viele Restaurants, Pubs, Cafés und Bars. In den Nachtclubs reicht die Musik von Techno und House über ruhigen Blues bis zu Rock- und Folkmusik.

Im Sommer gibt es viele Lokale mit Freilufterrasse und Live-Bands bis in die Morgenstunden.

In größeren Städten und touristischen Hochburgen kann man die Nächte in Bars und Clubs durchfeiern. In den Wintermonaten wird es erfahrungsgemäß etwas ruhiger.

Notfälle, wichtige Rufnummern

Auskunft ☎ 117 und 118
Feuerwehr ☎ 01 oder 112
Polizei ☎ 02 oder 110
Notarzt ☎ 03
Notfall ☎ 112 (auch vom Handy), 704 24 73
Rettungswagen ☎ 113
Tourist Hotline ☎ 11 88
Verlust von EC- oder Kreditkarte ☎ 67 09 25 55, +49 116 116
Ganztägige Veterinärhilfe ☎ 26 53 99 00
Aufschließen von Autos, Türen und Safes ☎ 29 21 26 80
Tourismuspolizei ☎ 67 18 18 18

Öffnungszeiten

Banken haben in der Regel Mo–Fr 9–17/18, manche auch Sa 9–12 Uhr geöffnet. Die Öffnungszeiten in den **Postämtern** (www.pasts.lv) sind in den Städten Mo–Fr 8–18 und Sa 8–16 Uhr. Auf dem Land können sie mitunter kürzer sein. In Lettland gibt es kein Ladenschlussgesetz. **Geschäfte** sind meist Mo–Fr 10–19 und Sa 9–17 Uhr geöffnet, Supermärkte meist täglich 8–22 Uhr.

Post, Briefmarken

Postämter (www.pasts.lv) gibt es flächendeckend. Briefmarken kann man auch an Kiosken kaufen. Briefkästen sind hellgelb und an stark frequentierten Orten zu finden. Kurierpostanbieter sind z. B. DHL (www.dhl.lv), UPS (www.ups.lv) und TNT (www.tnt.lv).

Presse

Es gibt in Lettland viele Printmedien, hauptsächlich in lettischer und russischer Sprache. Einige Zeitungen und Zeitschriften erscheinen auch in Englisch und Deutsch. Als fremdsprachige Inlandspresse sind **The Baltic Times** mit (Business-)Nachrichten auf Englisch (www.baltictimes.com) zu empfehlen sowie die **Baltische Rundschau**, die größte deutschsprachige Zeitschrift des Baltikums, die über Politik, Wirtschaft, Kultur, Bildung, Wissenschaft usw. informiert (www.baltische-rundschau.eu).

Es gibt einige regelmäßig erscheinende Veranstaltungskalender. **Riga in Your Pocket** ist ein allgemeiner Riga-Reiseführer, der zweimal im Monat auf Englisch erscheint, sehr empfehlenswert (www.inyourpocket.com/riga). Es gibt auch einen kostenfreien Download. **Riga This Week** ist der offizielle Veranstaltungskalender von Riga. Er erscheint alle zwei Monate in englischer Sprache (www.rigathisweek.lv).

Rauchen

Lettland hat strenge Vorschriften für Raucher. In allen gastronomischen Einrichtungen gilt Rauchverbot. Im Freien müssen Raucher einen Mindestabstand von zehn Metern zu öffentlichen Gebäuden halten. In Riga ist selbst das Rauchen an Stränden, außer in den dafür ausgewiesenen Bereichen, untersagt.

Religion

Vor der Christianisierung hatten die Letten ihre eigene Religion, den Dievturiba-Glauben. Weisheit, Liebe, Gerechtigkeit, Freude und Schönheit sind fundamentale

Bunte Holzvillen unweit des Strandes in Jūrmala aus dem 19. Jahrhundert: Damals baute man die Häuser für reiche Kurgäste aus Riga

Werte dieser Religion. Als bedeutendste göttliche Wesen wurden Dieves, Mara und Laima verehrt. Dieves, der Herr über das gesamte Universum, war zugleich höchster Gott. Er galt als gütiger Weiser, der sich der Sorgen und Mühen der Menschen annahm. Mara war die Erdmutter, die Leben gab und Leben nahm. Sie war für die Versorgung allen irdischen Lebens zuständig. Laima, die Schicksalsgöttin, bestimmte über den Werdegang eines Menschen.

Heute ist die Religion überwiegend evangelisch-lutherisch, in den Städten vielfach russisch-orthodox und in den östlichen Gebieten des Landes auch römisch-katholisch. Während zu Sowjetzeiten viele Kirchen zweckentfremdet wurden, erfüllen die meisten heute wieder ihre eigentliche Funktion und erfreuen sich enormer Beliebtheit auch bei jungen Menschen.

Sicherheit

Nicht wenige Horrorgeschichten sind in den Medien immer wieder vermeldet worden. Allerdings betrafen sie zumeist ehemalige Sowjetrepubliken und nicht das Baltikum. Wer grundlegende Vorsichtsmaßnahmen beachtet, kann in Lettland so sicher reisen wie zu Hause. Überlegene Kaufkraft sollte nicht demonstrativ zur Schau gestellt werden. Das kann, wie überall, Missfallen erzeugen. Wenn es sich einrichten lässt, sollten Frauen nachts möglichst in Begleitung durch die Straßen gehen, da häufiger Betrunkene unterwegs sind.

Die Zahl der Autodiebstähle ist drastisch gesunken. Dennoch ist es ratsam, für den eigenen Wagen Hotel- oder bewachte Parkplätze zu nutzen und keine wertvollen Gegenstände wie Kameras, Handys, Lederjacken, Geldbörsen usw. im Auto liegen zu lassen. Nützlich sind auch Alarmanlagen und Wegfahrsperren. Im Übrigen gilt das Interesse weniger kleinen und älteren Autos. Diebe bevorzugen Luxuskarossen.

Sport und Erholung

Bootstouren, Paddeln
Lettland ist reich an Binnengewässern. Es gibt über 700 Flüsse und 2256 mehr als ein Hektar große Seen. Erholung auf und am Wasser ist beliebt, entsprechend

boomt der Wassertourismus. Anders als in anderen Ländern Europas wurden Lettlands Flüsse nicht begradigt, sondern schlängeln sich noch in ihrem ursprünglichen Bett durch die Landschaft. Jeder Fluss hat seinen eigenen Charakter, und es kann passieren, dass man sein Boot um im Wasser liegende Bäume, einen Biberbau oder eine Furt bugsieren muss.

Auf der Abava von Renda bis zur Einmündung in die Venta

Im Naturpark des malerischen Urstromtals gibt es gute Zeltplätze.

Von Riga bis Renda 135 km, Routenlänge 34 km, Höhenunterschied 17 m, Hauptsaison Ende April–Anfang Sept., Infos: www.kuldiga.lv, www.talsi.lv, www.laivas.lv.

Bootsrouten auf der Gauja
➡ D/E8/9

Das Urstromtal der Gauja ist ein bedeutendes Naturdenkmal. Die am stärksten frequentierten Strecken sind die von Valmiera bis nach Cēsis, von Cēsis nach Līgatne und von Līgatne nach Sigulda.

Von Riga nach Valmiera sind es 106 und bis Sigulda 51 km. Routenlänge 95 km, Höhenunterschied 18 m, Hauptsaison Ende Mai–Anfang Sept. Infos: www.daba.gov.lv, www.valmiera.lv, www.cesis.lv, www.sigulda.lv und:

– Erholungszentrum **Cīrulīši** www.zagarkalns.lv

Essbare Pilze aus Lettlands Wäldern: Hexenröhrling (links) und Rotkappe (rechts)

– Zubehörverleih in **Cēsis**
✆ 942 32 70
– Sport- und Erholungszentrum **Baiļi**, www.baili.lv
– Zentrum für Aktivurlaub **Eži** www.ezi.lv
– Erholungspark **Rāmkalni** www.ramkalni.lv
– Kanuverleih in Sigulda, Peldu iela 2, ✆ 29 24 49 48, www.makars.lv

Auf der Salaca von Mazsalaca bis Salacgrīva ➡ B/C7/8

Die Salaca gehört zu den saubersten und romantischsten Flüssen Lettlands, mit Sandsteinfelsen und Höhlen an der Strecke.

Von Riga nach Mazsalaca 171 km, nach Salacgrīva 103 km. Routenlänge 85 km, Höhenunterschied 38 m, Hauptsaison Ende Mai–Anfang Sept. Auskunft und Verleih von Zubehör: www.ezi.lv, www.salacgriva.lv, www.baili.lv, www.laivas.lv, www.mazsalaca.lv.

Auf der Daugava von Krāslava bis Daugavpils ➡ K11/12

Von Riga nach Krāslava 265 km und nach Daugavpils 229 km Routenlänge 63 km, Höhenunterschied 9 m, Hauptsaison Ende Mai–Anfang Sept. Infos: www.daugavpils.lv, www.laivas.lv.

Mit dem Schiff auf der Daugava ➡ F6/7

Es gibt begleitete Ausfahrten auf kleinen Schiffen entlang dem historischen Panorama von Riga und dem Rigaer Hafen. An Feiertagen fahren die Schiffe auch bis zum Erholungspark Mežaparks und bis zum 14 km von Riga entfernten Kur- und Badeort Jūrmala. Infos: www.rigatourism.lv, www.jurmala.lv.

Im Frühling auf der Amata
➡ E8/9

(Nur für erfahrene Flusswanderer!) Von Riga bis zur Brücke in Melturi 72 km und bis zur Brücke zwischen Līgatne und Araiši ca. 75 km. Routenlänge 15 km, Höhenunterschied 70 m, Hauptsaison Ende März und April. Infos: www.daba.gov.lv, www.cesis.lv, www.campo.laivas.lv/lv/mar.

⊠ Im Frühling auf der Ogre
➡ F9/10

(Nur für erfahrene Flusswanderer!) Die Ogre ist ein schneller, mäandernder Fluss, der besonders im Frühjahr rasant fließt. Die schnellste Strecke liegt im Gebiet von Ergļi. Im Spätsommer kann man gemütlichere Fahrten unternehmen.

Von Riga nach Ergļi 107 km, bis Ogresmuiža 100 km. Routenlänge 17 km, Höhenunterschied 45 m, Hauptsaison Ende März, April. Infos: www.ogre.lv, www.laivas.lv.

Extremsport
Fallschirmspringen ist an mehreren Orten in Lettland möglich. Es gibt Einzel- und Tandemsprünge sowie Sprünge, bei denen sich der Fallschirm automatisch öffnet. Jugendliche zwischen 14 und 18 Jahren sollten die Eltern oder deren Einverständniserklärung dabeihaben.

✈ **Rigas aeroklubs** ➡ F6/7
Lienes iela 1, Riga
✆ 67 27 81 11

Falls Sie in Lettland eine blaue Kuh entdecken, dürfen Sie Ihren Augen ruhig trauen: Die »Lettische Blaue« gehört zu den seltensten Tierarten der Welt

✈ **Vidzemes aeroklubs** ➡ E9
Landkreis Cēsis, Gemeinde Priekuļi, »Lidlauks«
✆ 26 42 91 68

✈ **Kurzemes aeroklubs** ➡ G1
Liepāja Cirava Airport, Liepāja
✆ 948 29 39

Gleitschirmfliegen
Der erfahrene und geschickte Paraglider erlebt das Zusammenspiel von Mensch und Natur hautnah, ist von Wetter und

Der Wassertourismus boomt: Segeltörns vor der lettischen Küste

Klima abhängig und braucht ein Gespür für geeignete Luftströmungen. Ein Motor ermöglicht längere Rundflüge.

✈ Sporta Biedrība »Ultra«
➡ K11

Lidlaukums »Griva«
Liela iela, Daugavpils
℡ 25 54 52 01, www.flight.lv
Flüge ab € 35, Anfragen unter info@flight.lv
Hier können u. a. Tandemflüge in einer Höhe von 500–700 m gebucht werden.

Radtouren
Die lettischen Tiefebenen mit ihren sanft hügeligen Landschaften, den kurvenreichen Landstraßen und den schönen Ausblicken sind wie geschaffen für Radtouren. So kann man viele Sehenswürdigkeiten besichtigen und ganze Provinzen erkunden. Es gibt zwar kaum Radwege, aufgrund der geringen Verkehrsdichte ist man jedoch auch auf Landstraßen gut unterwegs.

🚲 Kolka-Rundtour/Kolkas aplis
➡ C4

Auf dieser »ökologischen« Fahrradroute, die an ehemaligen Fischerdörfern der Liven vorbeiführt, durchquert man unberührte Natur und herrliche Landschaften. Ein Großteil der Route führt durch den Slītere-Nationalpark.

Von Riga bis zum Leuchtturm in Slītere 170 km, Routenlänge 65 km. Infos: www.daba.gov.lv, www.grandios.lv, www.kolkasrags.lv, www.talsi.lv; Fahrradverleih unter ℡ 949 65 12.

🚲 Mountainbike-Rundtour um Sigulda
➡ E8

Auf der markierten Strecke entlang den steilen Ufern des Urstromtals der Gauja kann man die Sehenswürdigkeiten von Sigulda besichtigen.

Von Riga nach Sigulda 51 km, Routenlänge 13 km. Infos: www.sigulda.lv. In Sigulda können bei **Tridens** (Cēsu iela, ℡ 15 20 38 90 98), **Veloriba** (Auseķļa iela 7, www.veloriba.lv) und bei **Kaķītis** (Senču iela 1, www.kakiskalns.lv) Fahrräder ausgeliehen werden.

🚲 Naturpfade von Allaži/ Allaž dabas takas
➡ E8

Von Riga bis zum Ausgangs- und Zielpunkt, der evangelischen Kirche von Allaži in Stīveri, sind es 50 km. Routenlänge 20 km. Infos: www.sigulda.lv, www.entergauja.com.

🚲 Radwanderroute Cēsis–Valmiera
➡ D/E9

Die markierte Route führt auf Waldwegen durch den Gauja-Nationalpark. Neben beeindruckender Landschaft kann man die Sehenswürdigkeiten von Cēsis und Valmiera besichtigen.

Von Riga nach Cēsis 87 km und nach Valmiera 107 km, Routenlänge 42 km. Infos: www.cesis.lv, www. valmiera.lv.

Die lettischen Ostseestrände sind ein ideales Revier der Kitesurfer

⚲ Fahrradrouten in Jūrmala
Von Majori nach Buļļuciems
➡ E/F5/6 kann man auf einer
Länge von 15 km den herrlichen
Strand, den Konzertsaal in Dzin-
tari, das Freilichtmuseum von
Jūrmala und die Holzarchitektur
der Stadt besichtigen.

Die Strecke von **Vaivari nach
Ķemeri** ➡ F6 führt auf einer
Länge von 20 km an den Sehenswürdigkeiten am Strand und im
Park vorbei, z.B. am Rehabilita-
tionszentrum Vaivari, am Nemo-
Wasserpark, dem See Slokas ezers
und dem Informationszentrum
des Ķemeri-Nationalparks. Infos:
www.jurmala.lv.

In Jūrmala können Fahrräder
bei **Sixtbicycle** (www.sixtbicycle.
lv) und bei **ABC Grupa** (Jūras iela
24, www.abcgrupa.lv) ausgeliehen werden.

⚲ Von Riga nach Jūrmala ➡ F6/7
Ein komfortabler Radweg führt
von Pārdaugava, dem westlich
der Daugava gelegenen Stadtviertel, nach Majori.

Reiten
Die schöne und abwechslungs-
reiche Landschaft Lettlands lässt
sich auch vom Pferderücken aus
erleben. Ausritte und Reitunterricht werden an vielen Orten angeboten.

**⚲ Reittouren in der Gemeinde
Priekule** ➡ H2
Von Riga bis zum Gestüt von
Stiebriņi 185 km, Routenlänge 5
bis 30 km. Infos: www.liepaja.lv,
www.kurzeme.lv.

⚲ Reittouren rund um Krāslava
➡ K12
280 km von Riga und 12 km von
Krāslava entfernt befindet sich
der Ausgangspunkt für Touren
durch das Naturschutzgebiet
Oberdaugava: das Gestüt Klajumi.
Die Routen sind 30 bis 45 km lang.
Das Gestüt bietet Reitunterricht

*Wer reiten kann, wird sich über
die vielen Reiterhöfe in Lettland
freuen*

und Ausritte auf Wegen mit kul-
turhistorischer Bedeutung sowie
kombinierte Touren mit Pferden,
Booten und Flößen. Infos: ☏ 29 47
26 38, www.klajumi.lv.

⚲ Reitsportzentrum Kleisti
➡ F6/7
Kleistu iela 75, Riga
☏ 67 42 71 35, www.leflatvia.lv
Lettischer Reiterverein.

Tauchen
Da es in Lettland weder gefährli-
che Fische, giftige Wasserbewoh-
ner noch kritische Strömungen
gibt, kann man im Sommer ausge-
sprochen gut tauchen. Es werden
auch Kurse mit internationalen
Abschlusszertifikaten angeboten.
Populär sind die Tauchgebiete
der Baggerseen von Skola und
Kalnciems, die Rigaer Bucht, die
Ostseeküstengewässer mit einem
Wrack auf dem Grund der Ostsee.
Infos gibt es bei **SIA Jūras vējs** in
Riga (www.divers.lv).

Wandern
Gern bezeichnen die Letten ihr
Land als das grüne Herz Europas,
und tatsächlich machen natür-
liche Ökosysteme mehr als die
Hälfte der Gesamtfläche aus – ein
Verhältnis, das nur auf wenige
Länder der Welt zutrifft. Einen
intensiven Genuss von Vielfalt
und Schönheit der verschiedenen
Landstriche bietet das Wandern

entlang der 500 Kilometer langen Küste oder durch die Wälder und Flusstäler des Landes. Besonders attraktiv sind Routen, die durch Naturschutzgebiete und Nationalparks führen. Dabei kann es passieren, dass man auf eine blaue Kuh trifft. Sie gehört zu den seltensten Tierarten der Erde. Die »Lettische Blaue« ist eine bläulich schimmernde Rinderrasse. Eine Legende erzählt, dass sie von einer Meerjungfrau, die sich in einen Bauern verliebt hatte, aus dem Meer mitgebracht wurde.

Gauja-Nationalpark
D/E8/9
Vgl. Sigulda

Slītere-Naturpfad/
Slīteres dabas taka **C3/4**
Vgl. Slītere-Nationalpark.

Naturpark Engure-See/
Engures ezera dabas parks **E5**
Der Naturpark ist ein Vogelreservat von internationaler Bedeutung.

Länge der Route bis zum Vogelbeobachtungsturm 0,8 km, Orchideenpfad 3,5 km, Hauptsaison Orchideenpfad Mitte Juni, restliches Gelände April–Okt. Infos: www.talsi.lv, www.eedp.lv.

Der beste Golfplatz Lettlands: der Ozo Golf Club am nördlichen Stadtrand von Riga

Naturpfad Großes Ķemeri-Moor/Lielais Ķemeru tīrelis **E8**
Der Naturpfad verläuft im Ķemeri-Nationalpark, in dem es seltene und unter Naturschutz stehende Pflanzen und viele geschützte Tierarten gibt.

Routenlänge 2,8 km, Hauptsaison April.–Okt. Infos: www.kemerunacionalaisparks.lv, www.kurzeme.lv, www.videsgidi.lv.

Naturpfade von Līgatne/
Līgatnes dabas takas **E8/9**
Naturpfad mit wild lebenden lettischen Säugetieren in Wildgehegen, 5,5 km. Gauja-Uferpfad bis zum Stein Gūdu iezis, 2 km. Ur-Naturpfad (Pfad der unberührten Natur) zum Sandsteingraben Paparžu grava, 3 km.

Der Aussichtsturm bietet einen Blick auf das Urstromtal der Gauja. Alle Wege sind hervorragend markiert und man bekommt eine Wegkarte. Hauptsaison April–Okt. Infos: www.cesis.lv/de, www.daba.gov.lv/public/eng, www.tourism.sigulda.lv.

Strände

Seit Jahrhunderten verbringen Erholungsuchende ihren Urlaub an den beinahe 500 Kilometer langen Sandstränden des Landes. Badeurlauber kommen an der lettischen Küste voll auf ihre Kosten. Zwar ist wirklich nur in den Sommermonaten Badesaison, im Juli und August kann es gelegentlich bis 30 °C heiß werden, aber die herrlichen Sandstrände laden in jeder Jahreszeit zu ausgedehnten Spaziergängen und Wanderungen ein.

Der etwa 30 Kilometer lange Strand von **Jūrmala** **F6** liegt geschützt in der Rigaer Bucht, das Meer hat hier kaum Wellengang. Der Strand eignet sich daher besonders für Kinder, die zudem in dem hellen und feinkörnigen

Sand buddeln können. Es gibt viele Kioske, Wassersportangebote und Bars. In der Regel findet man selbst am Wochenende ein ruhiges Plätzchen.

Wer es besonders ruhig mag, dem seien die Strände von Ventspils und Liepāja empfohlen. Mitten im Badeort **Liepāja** ➡ G1 beginnt der weite helle Ostseestrand, der sich über 60 Kilometer bis zur Grenze nach Litauen erstreckt und von malerischen Dünen begrenzt wird. Häufig weht ein starker Wind. Es gibt Spielplätze und -geräte für Kinder, Umkleidekabinen, Kioske, Strandbars und Minigolfanlagen.

Der Strand von **Ventspils** ➡ D2 ist weiß und feinsandig, das Wasser trotz naher Industrieanlagen ausgesprochen sauber. Hinter den Dünen, südlich des Yachthafens, gibt es einen Strandpark. Im Sommer finden dort an jedem Wochenende Veranstaltungen statt.

Zwischen Tūja und Dzeņi gibt es ein sich über 14 Kilometer Küste erstreckendes **Naturschutzgebiet** ➡ D7. Am Strand wechseln sich steinige und sandige Passagen ab. Sehenswert sind die **Felsen von Veczemju klintis**. Hier haben die Wellen Höhlen und Grotten aus dem roten Sandstein herausgespült (www.salacgriva.lv).

Der Naturpfad des Strandes in **Kaltene** ➡ D5 gehört zu den wenigen Abschnitten an der Küste des Rigaer Meeresbusens, an denen sich bereits vor über 8000 Jahren eine Meeresküste befand. Das Gebiet gehört zum geologischen und geomorphologischen Naturdenkmal »Küstenformen von Kaltene«. Tausende Wasser- und Stelzenvögel leben hier (www.roja.lv).

Kiefern säumen die Sandstrände an Lettlands Ostseeküste

Strom

In Lettland sind die gleichen Stecker im Einsatz wie in Deutschland, daher wird kein Adapter benötigt. Die Stromspannung beträgt ebenfalls 220 Volt.

Telefonieren

Für die meisten öffentlichen Telefone werden Telefonkarten benötigt, die es in Postämtern, Kiosken, Tankstellen und Geschäften mit dem »Telekarten«-Zeichen zu kaufen gibt. Die Telefonnummern in Lettland haben keine Vorwahl. Um vom Ausland aus nach Lettland anzurufen, wählt man den internationalen Zugangscode 00 in Europa und dann den länderspezifischen Vorwahlcode Lettlands 371.

Das lettische Mobilfunknetz ist sehr gut ausgebaut. Seit der Abschaffung der Roaming-Gebühren innerhalb der EU fallen keine zusätzlichen Kosten für das Telefonieren oder Surfen in Lettland an.

Trinkgeld

In Restaurants wird ein Trinkgeld in Höhe von etwa zehn Prozent des Gesamtpreises erwartet. Die Rechnung wird diskret in einem Mäppchen oder auf einem Teller verdeckt übergeben. Man legt das Geld dazu und erhält das Wechselgeld exakt zurück. Bei Zufriedenheit lässt man Trinkgeld liegen. Zimmermädchen, Gepäckträger und sonstige Dienstleister freuen sich ebenfalls über eine kleine Aufmerksamkeit.

Unterkunft

Lettland hat in den letzten Jahren viel für die touristische Infrastruktur getan. Da das Baltikum an Beliebtheit gewinnt, finden sich inzwischen Unterkünfte jeglicher Art.

Hotel
Hier wird zwischen Hotel, Kurhotel, Gästehaus und Motel in verschiedenen Kategorien unterschieden. Die meisten Anbieter haben sich im Lettischen Hotel- und Gaststättenverband organisiert.

🛏 **Lettischer Hotel- und Restaurantverband**
A.Čaka iela 55–228
Riga
✆ 67 01 41 31
www.hotel.lv

Camping
Auf den Campingplätzen kann man in Zelten, Wohnmobilen, Anhängern oder Bauten mit leichter Konstruktion übernachten. Der Campingverband bietet einen ausgezeichneten Service. Auf jedem nächsten Campingplatz des Verbands erhält man zehn Prozent Rabatt.

🏕 **Campingverband Lettlands**
»Apaļkalns«
Raiskuma pagasts
4146 Pārgaujas novads
✆ 29 44 81 88
www.apalkalns.lv/de

Jugendherbergen (Hostel)
Jugendherbergen sind entweder ganzjährig oder nur in der Som-

Schlosshotel Jaunmokas, die einstige Residenz des Bürgermeisters von Riga

mersaison geöffnet. Man kann das Bett mit oder ohne Verpflegung bekommen. Der Service ist auf die individuellen Wünsche der Gäste eingestellt, z. B. werden Unterhaltungsprogramme für Familien mit Kindern und Gruppen angeboten.

🛏 Jugendherbergsvereinigung Lettlands

Siguldas prospekts 17–2
Riga
✆ 29 21 85 60
www.hostellinglatvia.com

Ländliche Unterkünfte

Dem Verband Lauku ceļotājs gehören inzwischen mehr als 300 Mitglieder an, die ländliche Unterkünfte in Lettland anbieten. In Riga gibt es eine eigene Agentur, bei der man auch Unterkünfte in den anderen baltischen Staaten buchen kann.

🛏 Lauku ceļotājs

Kalnciema iela 40
1046 Riga
✆ 67 61 76 00
www.celotajs.lv
Mo–Fr 9–18 Uhr

Verkehrsmittel

Da Lettland eine überschaubare Größe hat, ist von Riga aus jeder Ort des Landes innerhalb von drei Stunden per Bus, Bahn oder Auto zu erreichen.

Bus

Bevorzugtes und preiswertes Verkehrsmittel sind die Busse. Das Netz ist gut ausgebaut, praktisch in jedem größeren Ort gibt es einen Busbahnhof. Mehrmals am Tag verkehren Busse in die anderen baltischen Hauptstädte, die Fahrzeit beträgt etwa sechs Stunden. Infos: www.autoosta. lv, www.eurolines.lv, www.nor deka.lv.

Öffentlicher Nahverkehr

Es gibt in allen größeren Orten öffentliche Nahverkehrsnetze mit Oberleitungs- und Autobussen sowie Straßenbahnen. Sie verkehren täglich etwa von 5.30 bis 0.30 Uhr. An den Wochenenden fahren auch Nachtlinien.

Fahrscheine können beim Fahrer oder Schaffner für € 2 gekauft werden. Günstiger sind »E-Talons«, die man an Zeitschriftenkiosken kaufen kann: 1 Fahrt € 1,15, 5 Fahrten € 5,75, 10 Fahrten € 10,90, 24-Std.-Ticket € 5, 3-Tages-Ticket € 10 und 5-Tages-Ticket € 15.

Taxi

Lizenzierte Taxis erkennt man an den gelben Nummernschildern. Man sollte darauf achten, dass das Taxameter eingeschaltet ist. Folgende Preise sind Richtwerte: Grundgebühr € 2,15, pro Kilometer € 0,70.

Taxiruf in Riga: Allo Taxi ✆ 22 31 13 11, Riga-Taxi ✆ 800 10 10, Baltic Taxi ✆ 20 00 85 00, Classic Taxi ✆ 87 00, Red Cab ✆ 83 83, Smile Taxi ✆ 22 57 76 77, Lady Taxi ✆ 27 80 09 00

Zeitzone

In Lettland gilt die osteuropäische Zeit (OEZ). Sie ist der mitteleuropäischen Zeit (MEZ) eine Stunde voraus. Wie in Deutschland wird (noch) auf Sommerzeit umgestellt.

Zoll

Die EU-Bestimmungen gelten auch für Lettlands Zollvorschriften. Es dürfen z. B. 10 l Spirituosen, 90 l Wein und 800 Zigaretten ein- und ausgeführt werden. Eine Ausfuhrgenehmigung ist für über 50 Jahre alte Antiquitäten und Kunstwerke erforderlich (Pils iela 20, Riga, ✆ 67 22 45 19, www.mantojums.lv). ■

Die wichtigsten Wörter für unterwegs

Offizielle Landessprache ist Lettisch. Lettisch gehört zu den baltischen Sprachen der indoeuropäischen Sprachfamilie und hat keine direkte Verwandtschaft zu den slawischen Sprachen. Die Schriftsprache entspricht dem lateinischen Alphabet. Russisch, Englisch und Deutsch sind in Lettland weit verbreitet.

Aussprache
Vokale mit Dehnungsbalken (ā, ē, ī, ü...) werden immer lang ausgesprochen, Konsonanten mit Häkchen darüber oder darunter werden am Gaumen gebildet (ņ wie nj, Ķ wie kj, | wie lj in Aljoscha, o wie uo, h wie ch (ach), c wie z, Č wie tsch, s wird stimmlos ausgesprochen, Š wie stimmloses sch, ž wie stimmhaftes sch wie g in Garage und r als Zungen-R.
Charakteristisch ist das Endungs-s bei männlichen Namen und Bezeichnungen. Die Betonung liegt auf der ersten Silbe eines Wortes.

Wichtige Begriffe und Redewendungen

ja/nein	jā/nē
Guten Morgen!	Labrīt!
Guten Tag!	Labdien!
Guten Abend!	Labvakar!
Gute Nacht!	Ar labu nakti!
Hallo! Grüß dich!	Sveici!
Auf Wiedersehen	Uz redzēšanos!
Tschüss!	Visu labu!
danke	paldies
bitte	Lūdzu
Gern geschehen!	Labprāt!
Entschuldigung!	Atvainojiet!
Schade!	žēl!
Entschuldigung, sprechen Sie Deutsch?	Piedodiet, lūdzu Vai jūs runājat vāciski?
Sprechen Sie Englisch?	Vai jūs runājat angliski?
Ich habe Sie nicht verstanden.	Es jūs nesapratu.
Wie bitte?	Kā lūdzu?
Können Sie mir bitte helfen?	Lūdzu, vai jūs man nepalīdzētu?
Woher kommen Sie?	No kurienes jūs nākat?
Ich komme aus Deutschland.	Es nāku no Vācijas.
Ich heiße ...	Mani sauc ...
Ich möchte gern ...	Es gribētu ...
Wo/Wo ist?	Kur/Kur ir?
Hilfe!	Palīgā!
Arzt	ārsts
Kinderarzt	bērnu ārsts

Zahnarzt	zobārsts
Krankenhaus	slimnīca
Apothke	aptieka
Rufen Sie einen Arzt.	Izsauciet ārstu.
Rufen Sie einen Krankenwagen	Izsauciet ātro palīdzību.
Ich habe hier Schmerzen.	Man sāte.
Ich habe Durchfall.	Man ir caureja.
Wo finde ich...	Sakiet, lūdzu, kur atrodas...
... ein Kaufhaus	... universālveikals
... ein Lebensmittelgeschäft	... pārtikaas veikals
... eine Bäckerei	... maizas veikals
... einen Markt	... tirgus
... eine Buchhandlung	... grāmatuveikals
Postamt	pasts
Briefmarke	pastmarka
Postkarte	atklātne
Briefkasten	pasta kastīte
Wo ist bitte...	Sakiet lūdzu kur ir...
... die nächste Bank?	... tuvākā banka?
... der nächste Geldautomat?	... tuvākai bankomāts?
Haben Sie...?	Vai jums ir...?
Das gefällt mir (nicht).	Tas mani apmierina (neder).
Nehmen Sie Kreditkarten?	Vai varu maksāt ar kreditkarti?

Einkaufen

Geschäft	*Veikals*
Geld	*Nauda*
Ich hätte gern	*Es vēlētos*
Cik?	*Wie viel?*
Cik tas maksā?	*Was kostet es?*
lēts	*billig*
dā	*teuer*
atvērts	*geöffnet*
geschlossen	*slēgts*
drücken	*grūst*
ziehen	*vilkt*
Eingang	*ieeja*
Ausgang	*izeja*
Wo sind die Toiletten?	*Kur ir tualetes?*
dāmas	*Damen*
kungi	*Herren*

Wochentage/Zeit

Montag	*pirmdiena*
Dienstag	*otrdiena*
Mittwoch	*trešdiena*
Donnerstag	*ceturdiena*
Freitag	*piektdiena*
Samstag	*sestdiena*
Sonntag	*svētdiena*
heute	*šosdien*
morgen	*rītdien*
gestern	*vakar*
täglich	*katru dienu*
morgens	*no rīta*
mittags	*pusdienas laikā*
abends	*vakarā*
nachts	*naktī*
jetzt	*Tagad*
wann?	*Kad?*
Minute	*minūte*
Stunde	*stunda*
Tag	*diena*
Woche	*nedēļa*
Monat	*mēnesis*
Jahr	*gads*

Wie spät ist es?	*Cik ir pulkstens?*
Es ist um drei.	*Pulkstens ir trīs.*
Es ist halb drei.	*pus trīs.*

Sehenswertes/Geografische Begriffe

Platz	*laukums*
Brücke	*tilts*
Gebäude	*celtne, ēka*
Haus	*māja*
Rathaus	*domes nams*
Kirche	*baznīca*
Gottesdienst	*dievkalpojums*
Schloss, Burg	*pils*
Theater	*teatr*
Museum	*muzejs*
Ausstellung	*izstāde*
Besichtigung	*apskate*
Wann ist das Museum geöffnet?	*Kad muzejs ir atvērts?*
Wann beginnt die Führung?	*Cikos sāksies gides vadītā apskate?*
piemineklis	*Denkmal*
Altstadt	*vecpilsēta*
Stadtzentrum	*pilsētas centrs*
Naturschutz-gebiet	*dabas aizsardzī-bas zona*
See	*ezers*
Fluss	*upe*
Dorf	*ciems*
Stadt	*pilsēta*
Straße	*iela*
Hauptstraße	*prospekts*
Stadtrundfahrt	*ekskursija pa pilsētu*
Stadtplan	*pilsētas plāns*

Zahlen

Die Zahlwörter von 1–9 richten sich nach dem Geschlecht des dazugehörigen Substantivs.

1	*viens, -a*
2	*divi, -as*
3	*trīs*

Ostseestrand bei Jūrmala im Sommer

4	*četri, -as*	Bett	*gulta*
5	*pieci, -as*	Bad	*vanna*
6	*seši, -as*	Schlüssel	*atslēga*
7	*septiņi, -as*	Doppelzimmer	*numurs divvietīgs*
8	*astoņi, -as*	mit Dusche/Bad	*ar dusu/vannu*
9	*deviņ, -as*	Frühstück	*brokastis*
10	*desmit*	Mittagessen	*pusdienas*
11	*vienpadsmit*	Abendessen	*vakariņas*
12	*divpadsmit*	Restaurant	*restorāns*
20	*divdesmit*	Kellner	*oficiants*
21	*divdesmit viens*	Speisekarte	*ēdienkarte*
30	*trīsdesmit*	Halbpension	*puspansija*
40	*četrdesmit*	Vollpension	*pilna pansija*
50	*piecdesmit*	Guten Appetit!	*Labu ēstgribu!*
60	*sešdesmit*	Prost!	*Labu apetīti!*
70	*septiņdesmit*		*Priekā!*
80	*astoņdesmit*	Nationalgericht	*nacionālie ēdieni*
90	*deviņdesmit*	Die Speisekarte	*Lūdzu, ēdienkarti!*
100	*simts*	bitte!	
200	*divsimt*	Ich bin Vegeta-	*Esmu vegetārietis*
1000	*tūkstotis*	rier/in.	*vegetāriete.*
		Ist dieser Tisch	*Vai šis galds ir*

Unterwegs

		noch frei?	*brīvs?*
Wo?	*Zu kurieni?*	Ist dieser Platz	*Vai ši vieta it*
Wohin?	*Kur?*	noch frei?	*brīva?*
Wie weit?	*Cik tālu?*	Die Rechnung	*Lūdzu, rēķinu!*
Autobus	*autobuss*	bitte!	
Straßenbahn	*tramvajs*	Trinkgeld	*dzeramnauda*
Taxi	*taksometrs*	Ich nehme…	*Es vēlos…*
Eisenbahn	*dzelzceļš*	Butter	*sviests*
Zug	*vilciens*	Brot	*maize*
Bahnhof	*stacija*	Brötchen	*Maize/maizīte*
Abfahrt	*atiešana*	Käse	*Siers*
Ankunft	*pienakšana*	Spiegeleier	*Ceptas olas*
aussteigen	*izkāpt*	Apfel	*ābols*
umsteigen	*pārsēsties*	Birne	*Bumbiers*
Tankstelle	*uzpildes stacija*	Himbeere	*Avene*
Polizei	*policija*	Pilze	*Sēnes*
weit	*tālu*	Zwiebel	*Sīpols*
nah	*tuvu*	Suppe	*zupa*
nach rechts	*pa labi*	Fisch	*zivs*
nach links	*pa kreisi*	Fleisch	*Gaļa*
geradeaus	*taisni*		
Wo bitte ist…	*Lūdzu, kur*	Vorspeise	*uzkoda*
	atrodas…	Hauptgericht	*siltie ēdieni*
… der Flughafen?	*… lidosta?*	Nachtisch	*saldais ēdiens*
… die Haltestelle?	*… pietura?*	Gemüse	*saknes, dārzeņi*
… der Taxistand?	*… taksometru*	Obst	*augli*
	stāvvieta?	Speiseeis	*saldējums*
Überqueren Sie	*… šķērsojiet…*	Kuchen	*kūka*
… die Brücke	*… tiltu*	Messer	*nazis*
… den Platz	*… laukumu…*	Gabel	*dakša*
… die Straße	*… ielu*	Löffel	*karote*
		Getränke	*dzērieni*

Hotel und Restaurant

		Bitte ein Glas…	*Lūdzu atnesiet*
Hotel	*viesnīca*		*glāzi…*
Zimmer	*istaba*	Mineralwasser	*minerālūdens*
Was kostet das	*Cik numurs*	Saft	*sula*
Zimmer?	*maksā?*	Bier	*alus* ▪

Ein Spätsommerabend in
der Altstadt von Riga

Baltikum Tourismus Zentrale (BTZ), Berlin: S. 3 o. Mitte, 19, S. 25 o., 43 u., 47, 53, 69, 74 o.

Fotolia/aigarsr: S. 31, 50; Aleksandrs Kosarevs: S. 41 u.; digitalstock: S. 33; sergei_fish13: S. 21

Franz Marc Frei, München: S. 4/5, 20, 23 l., 25 u., 52, 86

Gerold Jung, Ottobrunn: S. 22

iStockphoto/Aleksandrs Kosarev: S. 66; architetta: S. 51; Claudia Dewald: S. 39, 79; dinozaver: S. 61 o.; Dmitry Chulov: S. 57; gorsh13: S. 54, 85, 89; Alexey Kuznetsov: S. 36; Holger Mette: S. 14; imantsu: S. 1 (Schmutztitel), 10; Ints Vikmanis: S. 11; Joel Carillet: S. 60, 64; nikonaft: S. 41 o.; Peeter Viisimaa: S. 44; prosiaczeq: S. 38, 40; proxyminder: S. 30; Ratikova: S. 56; sinankocaslan: S. 27 o.; toxawww: S. 2 o. l., 13; traveler1116: S. 18 o.; Valerijs Kostreckis : S. 76; VictorGrow: S. 91; Vladimirs_Gorelovs: S. 32; walencienne: S. 18 u.

Rainer Hackenberg, Köln: S. 2 o. r., 15, 23 r., 26, 62, 65 o., 67 o., 67 u.

Kalnciema Quarter: S. 27 u.

Karostas Cietums: S. 61 u.

Latvia Tourism/Ainars Meiers: S. 3 o. l., 24, 82; Aleksandrs Kendenkovs: S. 83; Daiga Kalnina: S. 48 r.; Ilgvars Putxns: S. 74 u.; Ozo Golf Club: S. 84; Uldis Briedis: S. 81 u.; Valts Kleins: S. 63, 71 u., 73, 77, 81 o.

Latvia Travel: S. 71 o.

mauritius images/age/Jevgenija Pigozne: S. 35

Christian Nowak, BerlinL S. 2 o. Mitte, 3 o. r., 17, 42, 49 u., 58, 65 u.

Patricia Tourist Office, Riga (www.riga-latvia.net)/Mike Johnson: S. 49 o.

pixelio.de: S. 48 l., 72, 80 l., 80 r.; Dieter Schuetz: S. 45

shutterstock/Fotokon: S. 28; sarka: S. 34

Tērvetes TIC: S. 55

Vista Point Verlag (Archiv), Rheinbreitbach: S. 6 o., 6 u., 7, 8 o., 8 u., 9, 16, 43 o.

Wikipedia (gemeinfrei)/Skopp: S. 68

Wikipedia (CC BY 3.0)/Dezidor: S. 59

Wikipedia (CC-BY-SA 4.0)/Texaner: S. 46

Schmutztitel (S. 1): Junge Tänzer beim sommerlichen Liederfestival in Riga
Seite 2/3: Über den Dächern von Riga; im Ķemeri-Nationalpark; Liepāja; Storchennest; Schloss Rundāle; Burg Turaida

Konzeption, Layout und Gestaltung dieser Publikation bilden eine Einheit, die eigens für die Buchreihe der **Go Vista City/Info Guides** entwickelt wurde. Sie unterliegt dem Schutz geistigen Eigentums und darf weder kopiert noch nachgeahmt werden.

© VISTA POINT Verlag GmbH, Rolandsecker Weg 30, D-53619 Rheinbreitbach
7., aktualisierte Auflage 2019
Alle Rechte vorbehalten
Reihenkonzeption: Andreas Schulz & VISTA POINT-Team
Bildredaktion: Bettina Hamann
Lektorat: Christina Richter, JB Bild|Satz|Text
Layout und Herstellung: Kerstin Hülsebusch-Pfau, Britta Wilken
Reproduktionen: Noch & Noch, Datteln
Kartographie: Huber Kartographie GmbH, Unterschleißheim
Druckerei: Colorprint Offset Limited, Unit 2108, 21/F, Hang Seng North Point Building, 339 King's Road, North Point, Hong Kong
VP5XIX

ISBN 978-3-96141-442-0

An unsere Leser!
Die Informationen dieses Buches wurden gewissenhaft recherchiert und von der Verlagsredaktion sorgfältig überprüft. Nichtsdestoweniger sind inhaltliche Fehler nicht immer zu vermeiden. Für diese übernimmt der Verlag keine Haftung. Für Ihre Korrekturen und Ergänzungsvorschläge sind wir dankbar.

VISTA POINT Verlag
Rolandsecker Weg 30 · 53619 Rheinbreitbach
Telefon: +49 (0)2224/7795-0 · Fax: +49 (0)2224/7795-100
info@vistapoint.de · www.vistapoint.de · www.facebook.de/vistapoint

Zeichenerklärung

In diesem Reiseführer werden folgende Symbole verwendet:

i	Information	**Y**	Bar, Club, Nightlife
🏛	Museum, Galerie	**🎷**	Jazzmusik
◉	Sehenswürdigkeit	**♫**	Livemusik, Konzert, Disco
📷	Sightseeing, Tour	**🎁**	Einkaufen
	Wanderung	**🛏**	Hotel
	Aussichtspunkt		Camping
	Nationalpark, Naturschutzgebiet	**🌴**	Strand
🌳	Park, Wald		Aquapark, Schwimmbad
❀	Botanischer Garten		Wellness
	Zoo, Tierpark	**🏃**	Sport, Aktivität
	Vogelbeobachtung	**🚌**	Busbahnhof
	Hits für Kids	**P**	Parkplätze
	Freizeitpark	**🚲**	Fahrradtour, -verleih
	Theater, Fest, Veranstaltung, Oper	**🚤**	Bootsfahrt
✗	Restaurant		Wassersport, Kanuverleih
☕	Café		Zugfahrt, Bahnhof
	Pub	**🚂**	Historische Eisenbahn
🍷	Weinverkostung		Seilbahn

Die im Kapitel Riga und unter den »Vista Points« beschriebenen Orte und Sehenswürdigkeiten sind auf der **separaten Karte** mit einem roten Stern (★) gekennzeichnet.

Bei den empfohlenen Restaurants werden Preiskategorien angegeben, die sich auf den Preis für ein Gericht mit Vorspeise und eine Getränk beziehen:

€ – bis 7 Euro
€€ – 7 bis 13 Euro
€€€ – 13 bis 20 Euro
€€€€ – über 20 Euro